Sibylle, Rebekka & Michael Maag

KEIN PLATZ UND TROTZDEM GARTEN

IDEEN FÜR KLEINE BEETE

KOSMOS

INHALT

AUF WENIG PLATZ GÄRTNERN

Wir zeigen Ihnen, wie man mehr aus kleinen Gartenplätzen und Beeten machen kann.

Ideen für kleine Beete

Die biologisch geführten und unterschiedlichen Gartenräume, die in unserem Paradiesgarten über die Jahre entstanden sind, zeigen: Das, was im Großen geht, geht oft auch im Kleinen!

Die Gärten heutzutage werden immer kleiner. Seit über 10 Jahren beschäftigen wir uns mit Vielfalt und intelligenter Flächennutzung. Denn zwei Dinge kann man nicht endlos vermehren: Zeit und Raum. Ein Garten muss nicht groß sein, um schön und nützlich zu sein. Oft geht auch in kleinen Gärten, was in großen möglich ist. Das haben wir als passionierte Gärtner in unserem biologisch geführten Paradiesgarten erkannt. So ist dieses Buch aus vielen Jahren Erfahrung entstanden. Ob im bereits bestehenden Garten, am Gartenzaun oder an der Hauswand: Leben und Vielfalt kann auch auf einer kleinen Fläche entstehen!

Wir wollen in diesem Buch zeigen, wie man mehr aus seinem Platz machen kann, ob es nun 10 oder 100 m^2 sind: flexible, multifunktionale und kreative Lösungen, platz- und zeitsparende Gartenräume, pflegeleichte Pflanzen für den kleinen Garten, Highlights aus klassischen Elementen, Vorhandenes in Neues integrieren. Ein Garten entwickelt sich stetig weiter, ebenso wie das eigene Wissen darüber.

Wie ein Garten uns fasziniert und verzaubert, hängt nicht davon ab, ob er möglichst groß ist, sondern vielmehr davon, wie wir die vorhandene Fläche gestalten und ihre Vorzüge nutzen. Vom romantischen Blütenmeer bis hin zum praktischen Gemüsebeet.

Der Wunsch nach frischem Gemüse, duftenden Kräutern und süßem Obst umringt, von farbenfrohen Blumen, wird in den Menschen immer größer, da das Grün in der Welt mehr und mehr zurückgedrängt wird. Lasst uns gemeinsam diesen Prozess umkehren und uns Parzellen des Lebens schaffen.

BODEN GUTMACHEN

Schmale Wege – mit Mehrfachnutzen

In Gärten mit wenig Platz kommt es oft auf die Details an. Kombinationen und Mehrfachnutzen sind hierbei der Schlüssel zum Raum- und Zeitgewinn.

Auch Flexibilität spielt in kleinen Gärten eine wichtige Rolle, denn sie macht es auch Garteneinsteigern leichter, einen guten Mittelweg für das Anlegen des Gartens zu finden.

GEZIELTE WEGE

Mit richtiger Plattenwahl wirken kleine Wege größer. Und schmale Wege sind im kleinen Garten schnell mit Häcksel schön gelegt. Dazu haben diese noch einen tollen Zusatznutzen.

Optische Tricks

Mit einfachen optischen Tricks wird bereits der Gartenweg zum Hingucker. Für eine ansprechende Optik und großzügige Wirkung lassen sich größere Platten, Steine und Treppenstufen mit in den Weg integrieren, denn diese erzeugen bereits auf wenigen Metern ein Gefühl von Weite. Um Pflanzen am Wegesrand stärker in den Fokus zu rücken, eignen sich aufeinander abgestimmte, wechselnde Beläge.
Aber ob Holz, Kies, Stein, Mulch oder Rasen: Wege, die oft genutzt werden und auf denen zwei Personen nebeneinander stehen können, z. B. der Weg zur Haustür, sind mindestens 1,20 m breit. Man darf pro Person mit ca. 60 cm rechnen, um gut aneinander vorbeizukommen oder nebeneinander zu laufen. Viel Raum, wenn ein Weg nur ein Weg ist. Geht da noch mehr?

Flexible Wege, die Pflanzen ernähren

Gerade in neu anzulegenden Gärten steht am Anfang meist noch nicht sicher fest, wo die Wege sein werden und wie sie tatsächlich genutzt werden. Aber auch im bestehenden Garten möchte man vielleicht später die Beetformen ändern, weil man neue Ideen verwirklichen möchte oder ein Beet ergänzen will.

1. Wege, auf deren Verlauf man sich konzentrieren muss, machen die kleinen Details im Beet sichtbar.

2. Aufeinander abgestimmte und wechselnde Beläge, Steine und Stufen erzeugen Weite.

Nichts einfacher als das! Zum Herstellen von Wegen verwenden wir gerne Hackschnitzel oder Selbstgehäckseltes von Baum- und Strauchschnitt. Je nach Pflanzenwunsch kommt auch Rindenmulch zum Einsatz. Hackschnitzel, die normalerweise für Hackschnitzelheizungen hergestellt werden, kann man sich liefern lassen oder auch in Sägewerken kaufen. Mit Kies, Steinplatten und Co. wäre das Verlegen eines Weges sehr aufwändig, aber mit Hackschnitzeln lassen sich neue Wege ganz leicht anlegen oder verlegen – und das günstig und unkompliziert sogar in einer Wiese! In den ersten Monaten verhindern die frischen Hackschnitzel, dass Unkraut wächst, da die Abwehrkräfte des Baumes noch im Material aktiv sind. Dann fängt das Material selbst an, sich zu zersetzen, und benötigt und bindet dazu Stickstoff aus dem umgebenden Material. Dieser Prozess erschwert es Pflanzen auf dem Weg zu wachsen. Die Hackschnitzel werden mit der Zeit dunkler und ab dem 2. Jahr verändert sich das Milieu des entstehenden Bodens. Die unteren Hackschnitzel werden zu feinem, krümeligem Humus. Sobald Unkräuter Fuß fassen, kann das Material auf die umliegenden Beete als Mulch und Düngung aufgebracht werden. Denn jetzt geben die vergehenden Hackschnitzel den aufgenommenen Stickstoff wieder ab. Viele Pflanzen lieben diesen Waldbodenkompost. Auf den Wegen werden dann neue Hackschnitzel ausgebreitet, um diesen erneut unkrautfrei zu halten und neuen

1

2

3

1. Wo kein Licht, da kein Leben! Mulchfolie als Verstärkung unter den Hackschnitzeln.

2. Neue Hackschnitzel und 2 Jahre alte Hackschnitzel. Das neue Material lässt sich schnell und einfach verteilen.

3. An einem Hackschnitzelweg kann ein leckeres Erdbeerband als Beetbegrenzung anstatt eines extra Erdbeerbeets entstehen.

Waldbodenkompost für die Beete zu erschaffen. Ein praktischer Mehrfachnutzen!

ANLEITUNG

Auf offenem Boden wird eine Folie gegen Unkraut ausgelegt. Um Plastik im Garten zu vermeiden, kann eine Mulchfolie aus Maisstärke benutzt werden, die sich geschützt vor Sonnenlicht innerhalb von 2 Gartenjahren zersetzt. Auf die Folie werden ca. 3 bis 5 cm dick Hackschnitzel ausgebracht, damit man gut laufen kann. Es kann auch Rindenmulch verwendet werden, um unsere platzsparende Methode der Kompostierung zu nutzen. Dieser ist wesentlich dunkler und macht den Boden sauer, was Moorbeetpflanzen wie z. B. Rhododendren und Heidelbeeren mögen. Die hellen Hackschnitzel ohne Rinde machen den Boden dagegen nur leicht sauer, was wiederum fast alle Pflanzen, auch Rosen, mögen. An den Rändern können dann auch gerne Erdbeerbänder als Naschpfad angelegt werden. Bei den Erdbeeren spart man sich dadurch das sonst übliche Auslegen von Stroh, kann leicht ernten, und die ursprünglichen Waldrandbewohner fühlen sich am Hackschnitzelrand wie zu Hause.

2

1

1. Ein multifunktionaler Raum mit sechs Bäumen auf lediglich 3,60 m Länge

2. Apfel und Birne reifen etwas zeitversetzt und platzsparend in Etagen.

PARADIESISCHER OBSTBAUMDURCHGANG

Erst der Weg, dann das Beet. Wege müssen so breit sein, dass man mühelos an die Beete gelangt. Aber wird der Platz eng, geizt man um jeden Zentimeter. Darum verwandeln wir die Wege in Nutzbereiche. Die Idee, Wege auch in der Höhe zu nutzen, entstand bei uns, als die ersten Weidentunnel bekannt wurden. Denn Weidentunnel bieten Schatten, müssen aber oft geschnitten werden, um ihre Form zu halten. Wenn Platz und Zeit also knapp bemessen sind und man Obst liebt, ist dieser Obstbaumtunnel, wie wir ihn interpretieren und nutzen, die Lösung. Die verschiedenen Rosen, Apfel- und Birnensorten überspannen den sonst ungenutzten Platz und man erhält eine duftende Blütenstaffel, an der man sich lange erfreuen kann.

Blüten und Obst von April bis Oktober

Von März bis April blühen die Birnen, von April bis Mai die Äpfel und im Juni beginnt die Rosenblüte. Während die Rose eine Blühpause einlegt, bekom-

Die 'Rote Williams Christ'-Birne ist durch ihre auffälligen Früchte monatelang ein echtes Highlight.

TIPP

Obstbäume legen die nächstjährige Blüte gleichzeitig mit der diesjährigen Fruchtbildung an. Deshalb werden bei uns die Obstbäume während der Blüte im Frühling und im Juni mit Obstbaumdünger versorgt.

men die ersten Äpfel ihre roten Backen. Da Obstbäume nicht gerne in der Wiese stehen, d. h. nicht in Konkurrenz mit Graswurzeln stehen wollen, sind links und rechts neben den Rosenbögen Hackschnitzelbeläge oder Beetflächen gut für den Obstbaumertrag. Rosen schätzen ebenfalls freie Füße.

Aufbau der kleinen Allee

Die Bäume blühen leicht versetzt, damit bei einem kurzen Spätfrost nicht alle Blüten erfrieren. Da Äpfel und auch Birnen auf die richtigen Bestäubungspartner angewiesen sind, blühen sie jedoch so aufeinander abgestimmt, dass die Bestäubung durch die einzelnen Partner möglich ist. Gleichzeitig reifen die Äpfel und Birnen unterschiedlich, damit es weder ein Lager- noch ein Verarbeitungsproblem gibt. Die Farben und Nutzungsmöglichkeiten der Früchte variieren ebenfalls, damit es Abwechslung auf dem Tisch gibt. Da wir sechs Bäumchen an drei Bögen unterbringen können, haben wir zwei der Apfelbäume mit zwei Sorten veredelt

1

2

gepflanzt. Eine Zweifachveredelung bedeutet, dass zwei Sorten auf nur einem Baum wachsen – ideal sind klein bleibende Veredelungen, damit die Bäume unter 4 m bleiben. Die Breite des Obstbaumtunnels beträgt 2,30 m. Bei einer Breite der Rosenbögen von etwa 40 cm und einem Abstand von 1,20 m zueinander beträgt die Gesamtlänge 3,60 m und damit etwa 1,60 m Abstand von Baum zu Baum.

Um die Rosenbögen schnell und leicht zu verbinden und die Äste zu lenken, benutzen wir dünne Bambusstäbe. Diese stützen zuverlässig die von Früchten schweren Äste. Da Rosen an den seitlich geführten Ranken am meisten blühen, werden einzelne Rosenzweige an den Bambusstäben mit ent langgeleitet.

Durch gezielten Schnitt sorgen wir dafür, dass die Früchte von Apfel und Birne nahe an den Haupttrieben stehen, um die Ernte zu erleichtern. Für den Spalierobstschnitt empfehlen wir einen Kurs beim Gartenbauverein oder ein spezielles Obstbaumschnittbuch.

1. Die Rose 'New Dawn' fühlt sich, an dünnen Bambusstäben gelenkt, sichtlich wohl mit ihrem Birnenpartner.

2. Seitenäste lassen sich mit Kordeln leicht am Rosenbogen befestigen und stützen so mit Früchten schwer gewordene Äste.

IDEALE OBST- UND ROSENSORTEN

APFEL 'Weißer Klarapfel' – alte, sehr frühe Sorte mit mildsäuerlich-saftigem Geschmack zum Frischverzehr, auch lecker als Apfelmus; Ernte und Genussreife von Juli bis August

APFEL 'Vitalstar' – moderne Sorte für Frischverzehr, Saft, Gelee und Apfelmus; Ernte ab Mitte September, rotes Fruchtfleisch, süß-säuerlicher Geschmack

APFEL 'Geheimrat Dr. Oldenburg' – alte Sorte mit säuerlichem Geschmack, gut als Koch- und Backapfel, ideal für Saft / Most; Erntereife ab Mitte September

APFEL 'Karneval' – moderne Sorte zum Frischverzehr, Backen und Kochen mit fein-säuerlichem Geschmack; Erntereife im September / Oktober, Genussreife im Oktober; im Halbschatten bildet sich ein attraktives Muster auf den Früchten

APFEL 'Goldparmäne' – alte Sorte zum Lagern, Backen und Kochen mit kräftig, nussigem Geschmack, säurearm und duftend, Erntereife September / Oktober, Genussreife Oktober bis Januar

APFEL 'Glockenapfel' – alte Sorte mit erfrischend säuerlichem Geschmack (nicht sehr saftig), als Lagerapfel, zum Backen und Kochen; Erntereife im Oktober, Genussreife Januar bis Februar

ROTE BIRNE 'Williams Christ' – alte Sorte für Frischverzehr, Saft, Fruchtshake, Marmelade, Bowle, Dessert und Soßen; Ernte- und Genussreife August / September

BIRNE 'Gräfin von Paris' – alte Sorte mit süßem, leicht würzigem Geschmack, saftig, für Smoothie, Marmelade, Dessert und Soßen, eine der seltenen lagerbaren Birnensorten; Erntereife von September bis November, Genussreife von November bis Januar

KLETTERROSE 'New Dawn' – rosa, duftende, gefüllte Blüten von Juni bis Oktober, 2,50 bis 3 m lange Ruten

KLETTERROSE 'Tausendschön' – leicht duftende, rosa, gefüllte Blüten von Juni bis Juli, 3 bis 5 m lange Ruten, dornenlos

KLETTERROSE 'Lykkefund' – stark duftende, rahmweiße, halbgefüllte Blüten von Juni bis Juli, 3 bis 5 m, dornenlos

Vom Boden in die Höhe

Eine angenehme Arbeitshöhe und bodenunabhängiger Anbau machen Hochbeete in ihren unterschiedlichsten Ausstattungen so nützlich.

Da für ein Hochbeet keine Grünfläche nötig ist, können auf versiegelten Flächen wie in Hinterhöfen und Eingangsbereichen schnell und einfach Beetflächen entstehen. Aber auch auf Gartenflächen, bei denen der Boden verdichtet ist, sind Hochbeete eine gute Lösung. Durch Abbauprozesse, die durch die Hochbeetfüllung aus Ästen, Laub und Grasschnitt entstehen, wird Wärme erzeugt, weshalb man früh im Jahr mit dem Anbau starten kann. Zusätzlich erhält man für etwa 2 bis 3 Jahre einen nährstoffreichen, lockeren Boden mit hervorragenden Wachstumsbedingungen für die geliebten Pflanzen. Neben den herkömmlichen Hochbeeten gibt es aber noch weitere Möglichkeiten. Mit der richtigen Befüllung und Anlage können besondere Blumen, Gemüse oder Kräuter wunderbar gedeihen, sogar in kleinen Formen.

DAS KLASSISCHE HOCHBEET

Es ist sinnvoll, als Basis ein engmaschiges Drahtgitter gegen Wühlmäuse im Boden einzubauen. Es empfiehlt sich, das Gitter nicht nur einzulegen, sondern im Inneren seitlich z. B. mit Holzleisten zu befestigen, da die Mäuse den Leckereien im Beet nicht widerstehen können und sich sonst seitlich durchdrücken. Holzhochbeete erhalten auf der kompletten Innenseite als Feuchtigkeitsschutz eine wurzelfeste Folie, z. B. EPDM-Folie.

TIPP

Ein Hochbeet sollte maximal 1 bis 1,20 m breit sein, um von beiden Seiten bequem in die Mitte greifen zu können. Eine angenehme Arbeitshöhe liegt bei 90 bis 95 cm.

Füllung am Gartenstandort

1. Schicht Baum- und Strauchschnitt (gern auch mit Laub an den Ästen) kann frisch verwendet werden, nur Thuja bitte nicht, da diese wachstumshemmend wirkt. Die Dicke der Äste darf variieren, Schichtdicke ca. 30 cm.

2. Schicht Bunt gemischtes Laub. Walnuss- und Eichenlaub nur in begrenzten Mengen und nur in Mischung mit anderem Laub. Das Laub mit Rasenschnitt mischen und ca. 20 cm hoch einbringen.

3. Schicht Reifer Kompost oder – wenn vorhanden – reifer Mist, ca. 20 cm dick.

4. Schicht Als Abschluss ca. 20 cm Gartenerde.

Wer keinen reifen Kompost oder Mist hat, kann die Laub-/Rasenschnitt-Mischung erhöhen, sollte dann aber als Abschluss ca. 30 cm Erde einfüllen, damit die jungen Pflanzenwurzeln gut gedeihen können.

Wer keinen Zugriff auf diese Füllmaterialien hat, kann ein Hochbeet auch komplett mit torffreier Bio-Erde befüllen, hier entfallen jedoch der Feuchtigkeitsspeicher der Äste und deren Lockerungstätigkeit, die Verrottungswärme sowie die lang anhaltende Düngekraft. Es gibt extra Hochbeeterden zu kaufen, wir empfehlen aber, sich mit Nachbarn, Freunden etc. abzusprechen, um an Äste, Laub und Grasschnitt zu

1. Besondere Pflanzen, die wie Grünspargel bestimmte Bedingungen benötigen, können mit angepassten Erdmischungen ein Zuhause finden.

2. Mehr Raum in der Höhe: Schlanke Hochbeetvarianten brauchen wenig Platz und setzen moderne Akzente.

Bodenunabhängig und leicht umzusetzen: Blütenmischungen aus Bellis, Kokardenblume, Oregano, Leberbalsam, Drahtstrauch und Zinnie.

1

2

kommen. Gärtner tauschen sich gerne aus und bei einer Tasse Kaffee gibt es bestimmt Gesprächsstoff und Tipps. Da die Erde absinkt, wird regelmäßig mit Kompost oder guter Erde nachgefüllt. Nach dem 3. oder 4. Jahr sollte komplett neu befüllt werden, wenn man die Vorteile des Hochbeetes und seine hervorragenden Ergebnisse erhalten will.

SCHLANKE KASTENBEETE

Zu den klassischen Hochbeeten nutzen wir auch schlanke Kastenbeete, um neuen Raritäten eine Chance auf unserem schweren Lehm-Ton-Boden zu geben und an unser Gartenklima zu gewöhnen. Dort können wir den Pflanzen die richtige Erdmischung sowie Licht und Freiraum zum Gedeihen bieten. Gleichzeitig schaffen wir damit auf einer ungenutzten Fläche oder einem bereits gestalteten Beet ein zusätzliches modernes Highlight aus einem abgewandelten klassischen Element. Die unterschiedlichen Höhen der drei Kastenbeete erzeugen immer neue Blickpunkte. Sie sind von allen Seiten immer gut erreichbar und können so leichter beobachtet, gepflegt und versetzt werden. Die Kastenbeete bestehen aus beständigen Alu-Dibond-Platten, die es in unterschiedlichen Farben gibt, und werden mit Winkelprofilen

Ein halbiertes Fass kann in bereits verblühten Beeten mit einem Fächerahorn schnell und einfach neue Akzente setzen, ohne dabei die vorhandenen Pflanzen zu stören.

verschraubt. Wenn man die Gestaltung wechseln möchte, wird einfach das schlanke Kastenbeet entleert. Der Kasten wird dann an einem neuen Platz für eine neue Bepflanzung wieder frisch befüllt.

Spezialfüllungen für Pflanzen-Highlights

1. Durchlässige Mischung – für Grünspargel, Bronzefenchel mit Roter Bete: Die 1. Schicht ist eine Sand-Humus-Mischung im Verhältnis 1:20. Die 2. Schicht besteht aus 30 cm Kompost und die 3. Schicht aus 10 cm Sand. Auf dem Sand die spinnenartigen Krallen des Grünspargels auslegen. Dann die Spargeljungpflanzen mit ca. 5 bis 10 cm Humus bedecken. Die erste Spargelernte ist nach 3 Jahren möglich. In die Mitte des Beetes den Bronzefenchel setzen und für das 1. Jahr Rote Bete dazu aussäen.

2. Laub-/Nadelkompost – für säureliebende Pflanzen: Die Mischung besteht aus 5 cm Laub und – falls vorhanden – z. B. Nadeln vom Weihnachtsbaum oder Heckenschnitt, diese mit 10 cm Gartenerde abwechselnd schichten. Auf jede Schicht Laub/Nadeln eine Handvoll Pellets aus Pferdemist oder Schafdung verteilen. Anschließend 1 Würfel Backhefe und 1 kg Zucker in 10 l Wasser auflösen und die gesamte Füllung damit durchdringend gießen. Zum Abschluss 30 cm Gartenerde einfüllen. Diese Füllung ist nun bepflanzbar, z. B. mit Erdbeeren, Kartoffeln, Bohnen, Gartenheidelbeeren, Schachbrettblumen, Hortensien, Azaleen, Pfingstrosen und Schwertlilien. Große Tröge wie halbierte Fässer (siehe Foto) können mit Steinen und Sukkulenten verschönert werden. Eine große Muschel ist eine Mini-Tränke für Wildbienen. Der junge Fächerahorn setzt in bereits verblühten Beeten oder kleinen trostlosen Ecken mit seinem facettenreichen Purpurrot herbstliche Akzente.

PRAKTISCHE KRÄUTER-SPIRALE

Um den unterschiedlichen Ansprüchen von Küchenkräutern gerecht zu werden, wurde die Kräuterspirale entwickelt. Ein echter Klassiker, der im Kräutergarten kaum mehr wegzudenken ist. Mediterrane Kräuter finden hier genauso gute Wachstumsbedingungen vor wie in Europa heimische Pflanzen.

Unsere Säulenvariante

Doch ein mehrjähriger Salbei kann unter guten Bedingungen 2 bis 3 m² Platz einnehmen und überwuchert dann seine Pflanznachbarn schnell, z. B. wie das niedrig wachsende Bergbohnenkraut. Um den langsam wachsenden Kräutern gegen die Turbostarter wie z. B. Liebstöckel oder den raumgreifenden Salbei Raum zu bieten und die Spirale trotzdem möglichst klein zu halten, haben wir eine Variante entwickelt, die mit Steinen und Betonrohren als bepflanzbare Säule aufgebaut ist. Die Betonrohre ergänzen den Steinkreis in unterschiedlichen Höhen. Der in die Säulen gepflanzte Salbei hat hier eine Wurzelbeschränkung und wächst dadurch gut kontrollierbar.

Wer Salbei liebt Der Dalmatinische Gewürz-Salbei *Salvia officinalis* 'Major' ist für Küchenzwecke sehr gut geeignet, frostverträglich und

Kleine Kräuterspirale mit den drei klassischen Wuchsbereichen: (1) Oben – nährstoffarm, sandig und trocken z. B. für Rosmarin, Thymian, Ysop. (2) Mittig – nährstoffreicher für Melisse und Estragon. (3) Unten – feucht für Schnittlauch, Kerbel und Kalmus.

Lavendel steht gerne trocken und wird für einen kompakten Wuchs noch während der Blüte zurückgeschnitten.

Taglilien *(Hemerocallis)* fühlen sich in der Nähe von Kräutern wie Knoblauch wohl und lassen das Beet mit ihren großen Blüten ganz neu erstrahlen.

auch im Winter attraktiv. Der zahmer wachsende Purpur-Gewürz-Salbei *Salvia officinalis* 'Purpurascens' findet in einer der Säulen ebenfalls Platz und bietet einen farblichen Akzent.

In die Betonsäulen wird eine Mischung aus Steinen, Kies und Erde für Salbei eingebracht. Liebstöckel, der Feuchtigkeit und Nährstoffe mag, erhält eine niedrige Säule mit Erd- und Kompostfüllung, während die restliche Spirale mit einer Mischung aus Sand und Gartenboden gefüllt wird. Im oberen, trockeneren Bereich fühlen sich Lavendel, Bergbohnenkraut, Rosmarin, Thymian, Majoran, Currykraut, Oregano, Estragon und Ysop wohl. In den unteren Bereich können Basilikum, Koriander, Petersilie, Pimpinelle, Kerbel, Blutampfer und Kamille. Minze und Melisse – sie wuchern und schätzen leicht feuchte bis feuchte Böden – finden am Boden in einem eingegrabenen Topf ihren Platz, damit sie andere Pflanzen nicht verdrängen.

Die gelb blühende Taglilie 'Stella de Oro', deren Blüten Salate und Desserts ergänzen, wurde in eine Wäschetrommel ge-

1

2

1. In einer kleinen Kräuterspiralen-Variante mit Säulen bekommen stark wachsende Kräuter ihren Platz.

2. Noch weniger Platz benötigt diese Kräuterturm-Variante mit eben stehenden Töpfen für leichtes Gießen.

pflanzt und zwischen das Teichbeet und die Spirale gesetzt. Durch die Trommel ist sie in ihrer Ausbreitung eingegrenzt, vor der Wühlmaus sicher, wir können prima darum herumgehen und die Pflanze versorgt sich durch die Löcher in der Trommel selbst mit Wasser.

Mediterrane Kräuter wachsen in ihrem Ursprungsland oft in Felsennischen und sind einer hohen Sonnenstrahlung ausgesetzt, das nahe Meer versorgt sie dort mit Luftfeuchtigkeit. Wir haben daher in unserem Garten als Ersatz wenige Schritte entfernt einen Spiegelteich angelegt, der auf unserer Steinspirale die Lichtintensität erhöht und gleichzeitig die Luftfeuchtigkeit steigert. In diesem Mini-Wasserbecken findet eine blaue Sumpfiris in einem durchlöcherten Metalltrog Platz, um das Wasser zu reinigen und das Auge während der Blütezeit zu erfreuen. Steine im Teich erleichtern Tieren wie Eidechsen das Trinken und den Wiederausstieg.

Der Teich kann bewusst leicht schräg eingesetzt werden, damit man einen gezielten Auslauf schafft. Das Überwasser dient nun als ein einfacher Feuchtigkeitsspender für Kräuter, die ab und zu eine Überflutung ihrer Wurzeln schätzen. Wohl fühlen sich hier Schnittlauch, Bachbunge – ein altes Heilkraut, das auch als Salatzugabe und Spinat ge nutzt werden kann – sowie kriechender Sellerie. Er ist eine ausdauernde Pflanze und schmeckt trotz seines Namens eigentlich nach Petersilie. Teichkresse steht ebenfalls gern in Überschwemmungsgebieten, kann aber wie Brunnenkresse im Teich gepflanzt werden.

Mischkulturen – schön gemischt

Mischkulturen und Untersaaten sind im biologischen Anbau weit verbreitet. Hiermit wird den Folgen der Monokultur und dem Schädlingsbefall vorgebeugt.

Weit verbreitet ist das Wissen, dass Pflanzen Stoffe aus dem Boden entnehmen. Weniger bekannt ist, dass Pflanzen auch Stoffe an den Boden abgeben. Diese Eigenschaften der Pflanzen können auch im kleinen Hausgarten und in Topfkulturen genutzt werden, denn was des einen Freud, ist des anderen Leid. Tageteswurzeln zum Beispiel sondern einen für Nematoden unwiderstehlichen Duftstoff ab. Nematoden, winzige Fadenwürmer, kommen praktisch überall in der Natur vor. Einige Arten können als Nützlinge im biologischen Pflanzenschutz eingesetzt werden, andere Arten jedoch schädigen Nutzpflanzen massiv. Im Hausgarten kann die Eigenschaft der orange- bis rot blühenden Sommerblume wunderbar genutzt werden. Denn sobald die angelockten Nematoden an den Wurzeln saugen, tritt ein hochwirksamer Giftstoff aus.

MINI-OBST UND BOHNEN

Um den Raum optimal zu nutzen, sind Johannisbeer-Hochstämmchen praktisch, da diese wenig Platz benötigen und wunderbar unterpflanzt werden können. Für eine gute Gesundheit des Hochstämmchens sorgen hier Kaskadenthymian, Salbei, Chinesischer Lauch und Buschbohnen.
Buschbohnen wiederum leben wie alle Leguminosen in Symbiose mit Knöllchenbakterien, erkennbar an

Nicht nur schön, sondern auch nützlich. Natürliche Schädlingsbekämpfung im Gemüsebeet mit Tagetes.

1

2

1. Eine junge Säulenkirsche im Topf. Farbige Buschbohnen versorgen die Pflanze mit Nährstoffen.

2. Gute Erträge garantiert: Johannisbeer-Hochstämmchen im Kräuterbeet.

verdickten Wurzeln, den „Knöllchen". Gemeinsam mit diesen erzeugen Leguminosen Stickstoff, den sie zum Wachstum benötigen. Sie verbrauchen jedoch nicht alles selbst, sondern geben diesen auch in den umgebenden Boden ab, sodass zum Beispiel nährstoffliebendes Obst wie Johannisbeeren davon profitieren kann. Da Bohnen jedoch viel Sonnenlicht mögen, ergänzen sich die beiden perfekt. Diese profitable Gemeinschaft lässt sich auch in Topfkulturen nutzen. Klein bleibende Säulenbäume, die in große Gefäße gepflanzt werden, können hevorragend mit Leguminosen wie Zuckererbsen und Buschbohnen unterpflanzt werden.

IN ROSA: FLIEDER UND ERDBEEREN

Wir lieben Flieder. Zwergflieder bleibt kompakt und kann auch in großen Töpfen gezogen werden. Er ergänzt sich gut mit Erdbeeren. Eine schöne farbliche Variante zu lila blühendem Flieder sind die rosa blühenden und gut schmeckenden Erdbeersorten 'Viva Rosa',

UNGEWÖHNLICHE KOMBINATIONEN

Wenn Stauden im Garten kümmern, kann Bodenmüdigkeit der Grund sein. Um die Kulturen zu tauschen, lassen sich auch ungewöhnliche Mischkulturen einsetzen. Zucchini passen wunderbar zu Sommerblumen und Stauden wie Herbstastern, Fetthenne und Sonnenbraut. Weitere ungewöhnliche Partner im Beet sind: Rittersporn und Schwertlilie, Rosen und Basilikum, Rosen und Borretsch, Knoblauch und Phlox, Bechermalven mit Salat, Mohn und Mutterkraut, Phlox und Schafgarbe sowie Goldoregano und Bartnelke.

'Rubra' oder 'Toscana'. Erdbeeren wiederum gedeihen besonders gut in Kombination mit dem blau blühenden Borretsch. Wahrscheinlich liegt es an den Saponinen des Borretsch, die seine Aufnahmefähigkeit für Nährstoffe erhöhen.

KOHL MIT BORRETSCH – UND TULPEN

Ewigen Kohl als Beetrand eingesetzt, ergibt eine frischgrüne, bis zu 20 Jahre lang beerntbare Umrandung, die wir mit Tulpen farblich aufgepeppt haben. Tulpen und Kohl lieben Nährstoffe! Die Blätter des Kohls verdecken später die einziehenden Tulpenblätter. Gleichzeitig verbraucht der Kohl die für Zwiebelblumen im Sommer gefährliche Nässe. Der Borretsch gibt der grünen Hecke im Sommer blaue Blüten und verbessert für Tulpen und Kohl die Nährstoffaufnahme für mehr Ernte und bessere Blühkraft. Kohl und Kohlrabi profitieren in unserem Gelände ebenfalls von der Nachbarschaft des Borretschs.

SONNENBLUME MIT GURKE UND ERBSE

Auch Sonnenblumen geben Saponine ab. Eine schöne Kombination am Gartenzaun oder an Obelisken sind Erbsen, Wicken und Sonnenblumen. Wir setzen hier auch Gurken dazu. Sonnenblumen und Gurken lieben Nährstoffe. Erbsen und Wicken erzeugen Stickstoff, beide haben wunderschöne Blüten. Die Sonnenblume ermöglicht es der Gurke, die Nährstoffe besser aufzunehmen, und bietet etwas Schatten für junge Gurkenpflänzchen. Am Zaun oder Obelisken können Wicken und Gurken klettern. Hier kommen die Blüten voll zur Geltung und die Früchte lassen sich leicht ernten.

Ewiger Kohl als schmale und niedrige Hecke am Beetrand. Zusätzlich Farbe bringen bunte Tulpen.

Bunte Zaungäste, die sich gegenseitig unterstützen: Erbsen, Gurken, Wicken und Sonnenblumen.

PROBLEMZONEN IM GARTEN

Eckbeet aus Gabionen

Die nette Ecke: Platz für Pflanzen findet sich in der kleinsten Nische. Einerseits temperamentvoll und modern, andererseits romantisch wild. Ein kleiner, individueller Garten überrascht besonders durch Gegensätze und Verwandlungsfähigkeit.

Kreativ umgedacht: Eine Ecke lässt sich mit einem in die Höhe strukturierten Gabionen-Eckbeet – aus vier Würfeln zusammengesetzt – schön und nützlich lösen. Anstatt Gabionen nur mit Steinen zu füllen, haben wir hier ein kleines und multifunktionales Beet angelegt. An einem schattigeren Plätzchen kann filigranes Moos das Vlies verkleiden. Das tiefdunkle Grün des Mooses schafft eine dekorative Bühne für die glühenden Farbpaletten von Alpenveilchen, Stiefmütterchen, Chrysanthemen und Sonnenhut. Silbergraues Gartenvlies erinnert an Stein und bringt eine modische Note in das Gesamtbild. Vlies ist in unterschiedlichen Dicken und Farben erhältlich, wodurch die Optik des Eckbeetes an die eigenen Wünsche angepasst werden kann. Braunes Vlies passt z. B. zu hellen Pastelltönen wie weiches Apricot und Rosé.

Um Tiere beobachten zu können, muss ihnen auch ein gemütliches Heim geboten werden. Im unteren Bereich sind deshalb unterschiedlich große Steine eingelegt, sodass sich kleine Höhlen bilden, in denen sich Eidechsen und Co. verstecken können. Daneben liegen für Wildbienen angebohrtes Totholz sowie Lochziegel und Tonrohre, die mit ihrer rötlichen Farbe auch schön anzusehen sind und Platz für Insektenheim-Füllungen bieten.

DER AUFBAU

Aus 18 Gittern lassen sich dann die vier oben offenen Pflanzwürfel und der Unterbau für den hintersten Würfel zusammenbauen. Drei weitere Gitter können als Trennschicht zum Vlies mit eingelegt werden. Der hintere Gabionenwürfel wird komplett mit Steinen gefüllt. Die beiden seitlichen werden etwa bis zur Hälfte mit Lochziegeln, Hartholz (am besten Esche, mit unterschiedlich großen Bohrungen mit einem Durchmesser von 3 bis 5 mm) gefüllt, die zum

1

2

1. Ein Eckbeet aus Gabionengittern mit überraschend vielfältigen Befüllungsmöglichkeiten aus Holz, Steinen, Lochziegeln, Rohren, Schilf und Bambusröhren für Insekten und Eidechsen

2. Eine raffinierte Verkleidung und farbenfrohe Blumenarrangements machen die Ecke rund.

Ansiedeln von Erdkröten und Insekten dienen. Dann kann z. B. mit einem eingelegten Gitter als Trennschicht abgeschlossen werden. Erst wenn die hintere Gabione ganz und stabil gefüllt ist, wird die obere mit 5 × 10 cm Gitterabstand darauf aufgebaut. Auch hier kann man eine Lage mit den verschiedenen Materialien für Nützlinge einbauen. Das restliche Volumen wird mit stabilem Gartenbauvlies (ab 150 g/m^2) ausgelegt, mit guter Erde befüllt und nach Wunsch mit Blumen und Kräutern bepflanzt. Da ein Insektenheim nicht nass werden soll, muss beim Aufbau auf die Tropfkante geachtet werden. Die Hölzer, Rohre und Co. also weit genug nach innen schieben, damit beim Gießen von Moos und Blumen die Füllungen trocken bleiben. Die Lochziegel können mit markigen Schilfrohren bestückt werden, da Lochziegel durch die großen Löcher alleine den Insekten nicht viel nutzen.

SCHRITT FÜR SCHRITT ZUM ECKBEET

Material: Für das Gabionen-Eckbeet benötigt man 4 Gabionen mit Spiralverbindern in der Größe 50 × 50 × 50 cm – 3 mit Gitterweite 10 × 10 cm und 1 mit Gitterweite 5 × 10 cm, 6 m UV-stabiles Garten- oder Straßenbauvlies mit mindestens 150 g/m². Für die hintere Gabione 125 l Grobkies oder Flusssteine in einer Größe – dass diese nicht durch das Gitter fallen. 62 l Laubholz (Nadelholz ist nicht geeignet!), 62 l Lochziegel, 62 l Beton oder Ziegelrohre. 180 l gute Gartenerde, 200 × 50 cm verzinktes Sechseckgeflecht (Hasendraht) – um das Moos zu halten. Außerdem Füllmaterial wie Schilf, Bambus, Lehm und markhaltige Ästchen, z. B. vom Holunder.

1.
Ausgangssituation mit ungenutzter Ecke. Aufbau der Gabionen auf ebener Fläche mit etwas Abstand zu den umgebenden Beeten. Für bessere Stabilität und gegen Ausbauchen auch die Böden mit einbauen.

2.
In die Gabionen werden die Materialen für die Nützlinge eingebracht: Steine, Lochziegel, Holz mit Bohrungen (3 bis 5 mm Durchmesser). Auf der ganz mit Steinen befüllten hinteren Gabione wird die oberste Gabione aufgesetzt und mit Spiralen für die Stabilität verbunden.

3.

Über den Materialien für die Nützlinge werden die restlichen Gitter eingelegt. Die Gabionen werden mit dem Vlies ausgeschlagen und die Erde wird eingebracht. Hinter das 5 × 10 cm-Gitter lässt sich hervorragend Moos einbringen. Bei größeren Gitterabständen wird das Moos durch zusätzlichen Hasendraht gehalten.

4.

Jetzt werden die Lochziegel und Rohre mit Schilf, Bambus und markhaltigen Ästchen, wie Holunder, aufgefüllt. Da Insekten das Mark gern selbst herausarbeiten, müssen die Äste nicht ausgehöhlt sein. Damit die Flügel beim Schlüpfen nicht verletzt werden, sollte alles glatt und gerade abgeschnitten sein. Zudem müssen die Röhrchen hinten geschlossen sein. Abschließend die Gabionen bepflanzen.

Hang und Böschung

Im Garten gibt es immer Höhen und Tiefen: Wer eine Erhöhung oder gar einen Hügel vorfindet, muss nicht unbedingt den Bagger anrücken lassen.

Um Fläche zu gewinnen, Höhenunterschiede zu überwinden und die Bewirtschaftung von Hang oder Böschung zu erleichtern, wurden traditionell Terrassierungen eingesetzt. Terrassierungen sind wesentlich leichter zu handhaben wie ein Hang und schaffen schöne Perspektiven. Kastenbeete erweisen sich hier als besonders praktisch. Weiterer Vorteil: Man muss schwere Lehm-Ton-Böden nicht ändern.

KASTENBEETE AN HANG UND BÖSCHUNG

Unterschiedlich breite und niedrige Kastenbeete überwinden die Höhenunterschiede und passen sich an leichte Hangneigung gut an. Mehrere kleine Terrassen sind einfacher anzulegen, da mit weniger Erdbewegung zu rechnen ist. Bei Holzkastenbeeten, die Hänge halten sollen, ist es wichtig, dass die Haltepfosten außen angebracht sind, damit der Erddruck auf dem ganzen Pfosten und nicht auf den Verbindungsmitteln liegt.

Bepflanzungs-Tipps

Die verschiedenen Höhen der Beete erleichtern auch den Lichteinfall. Das dort wachsende Gemüse wird nach Wuchshöhe angebaut, sodass große Pflanzen den kleineren nicht ihr Licht nehmen. Die großen Gemüsepflanzen wie Dill oder Baumspinat finden in einem oberen Beet ihren Platz.
Je schmaler die Terrassenabstufung ist, desto weniger Erdvolumen und Feuchtigkeit finden die Pflanzen vor. Das eignet sich für Trockenkünstler unter den Pflanzen. Bei uns finden dort beispielsweise unterschiedliche Laucharten ihren Platz, die sich im Frühsommer teilweise wieder einziehen und im Herbst wieder austreiben. Dadurch ersparen wir uns viel gießen im Sommer. Geeignete Laucharten sind z. B.: Rockenbolle, ein historischer Zwiebelknoblauch mit intensivem Geschmack und violetten Blüten,

1

2

3

1. Steile Bereiche lassen sich durch schlanke Terrassenabstufungen leicht überwinden und bearbeiten ...

2. ... gleichzeitig erhält man eine schöne Arbeitshöhe.

3. An der Ecke gut zu sehen: der Verbund der Ziegelsteine und die daraus folgende Abtreppung der Steine. So lassen sich selbst gelegte Mauern an Höhenunterschiede anpassen.

sowie Knoblauch und Etagenzwiebeln, deren kleine Zwiebelchen sich oberirdisch an den grünen Röhrenstängeln bilden. Dazwischen wandert Mohn durch das Beet oder die Rote Melde – eine alte Spinatsorte, deren Blätter auch roh im Salat schmecken.

HÖHENÜBERWINDUNG MIT ZIEGELN

Ziegelsteine bieten ebenfalls eine einfache Möglichkeit, kleine Höhenunterschiede im Garten auszugleichen. Als Tro ckenmauer aufgebaut, sind sie ein hübscher Anblick und gleichzeitig ein Zuhause für Eidechsen. Da Eidechsen kleine Schnecken fressen, sind sie bei uns natürlich immer willkommen, vor allem in der Nähe von schneckengefährdeten Pflanzen. Hinter den geschichteten Ziegelsteinen wird Humus aufgeschüttet. So bekommen die Pflanzen einen lockeren, guten Wurzelraum. Beim Aufschichten der Ziegel auf den „Verbund" achten – die Steine sollten immer zum unteren Stein überlappen und die Fugen nie senkrecht übereinanderliegen. Dadurch wird eine selbst gelegte Trockenmauer auch ohne Mörtel stabiler, sollte aber wegen der Standfestigkeit eine Höhe von 40 bis 50 cm nicht überschreiten.

Das Gute an einer Schattenseite

Der Schattenbereich des Gartens bleibt des Öfteren leer und ungenutzt, dabei hat die Natur für alles ihre Spezialisten.

Nimmt man sich die Natur als Beispiel, bieten sich viele Möglichkeiten, um Nischen für weiteres Grün zu finden. Schatten ist aber nicht immer gleich Schatten. Ein absonniger Bereich ist zwar hell, erhält aber keine eigene Sonneneinstrahlung. Viele Pflanzen, die sich im Halbschatten wohlfühlen, können auch in einen absonnigen Bereich gepflanzt werden. Zu Halbschatten zählen Bereiche im Garten, die 4 bis 5 Stunden Sonnenlicht erhalten, weniger Sonnenlicht zählt bereits zu Vollschatten. Diesen findet man oft auf der Nordseite von hohen Gebäuden oder unter immergrünen, großen Gewächsen.

JAHRESFAHRPLAN MIT PFLANZEN

- **Frühjahr** Zu den ersten Frühlingsboten, die einen schattigeren Standort lieben, gehören z. B. Schneeglöckchen, Leberblümchen, Krokusse und Winterlinge. Ein bisschen später folgen z. B. Vergissmeinnicht, Buschwindröschen und Lungenkraut. Am Rand von Büschen stehen gern Akeleien, Christrosen, Narzissen und Tulpen. Zum kleinen Frühjahrs-Schattengarten passen auch immergrüne, schattenverträgliche und klein bleibende Gräser wie Waldmarbel, Breitblatt-Segge und Japan-Segge. Diese drei Gräser brauchen im Frühjahr keinen Rückschnitt.
- **Sommer** Winterfeste Fuchsien und Begonien bieten von Mai bis in den Herbst tolle Blüten-Blickpunkte. Auch Japan-Waldgras mit seinen kraftvollen Horsten und Winkel-Segge finden einen Platz im Halbschatten.
- **Herbst / Winter** Chrysanthemen lieben Halbschatten und blühen dort deutlich länger wie in voller Sonne. Die weiße Wildaster 'Ashvi' und die zartlila Aster 'Asran' gedeihen auch im Halbschatten. Hosta bieten das ganze Jahr über schönes Laub, aber im Herbst zeigen sie sich unter anderem in leuchtendem Kupfer und Gold. Auch immergrüne Bergenien haben das ganze Jahr über schönes Laub, das im Herbst in fröhlichen Rottönen begeistert.

BESONDERE SCHATTENPFLANZEN

1.

Hosta-Sorten besitzen attraktive Blätter, die meisten sind aber schneckengefährdet. Wir haben erfolgreich die schneckenresistenteren Sorten 'Big Daddy', 'Whirlwind' und 'Devon Green' ausprobiert. Blüten zieren in Weiß und Violett von Juli bis August, 10 bis 100 cm hoch.

4.

Waldglockenblumen zeigen aufrecht wachsende und große Blütenpracht im Halbschatten. Sogar zwischen niedrigen Ziergräsern setzen sie sich durch. Blüte in Dunkelviolett von Juli bis August, 90 bis 100 cm hoch.

2.

Bergenien mit ihren immergrünen Blättern wurden lange Zeit in dunkelste Schattenbereiche gepflanzt, dort fühlt sich jedoch nur die Kaschmir-Bergenie richtig wohl. Die restlichen Bergenienarten vertragen Sonne sehr gut. Blüte in Weiß, Rosa, Rot und Violett von April bis Mai. Höhe: 30 bis 40 cm.

3.

Bachnelkenwurz – Blüte in Rosa-Gelb von Mai bis Juni, 20 bis 40 cm hoch. **Tränendes Herz** – Blüte in Weiß und Rosa von Mai bis Juni, 60 bis 90 cm hoch.

5.

Duftpflanzen: Die heimische Nachtviole (Foto) wird auch tagsüber von Schmetterlingen besucht – Blüte in Weiß und Violett von Juni bis August, 30 bis 50 cm hoch. Waldtabak wird etwa 1,50 m groß – Blüte in Weiß von August bis September. Mit seinen weißen Blüten ist er ein Highlight für Nachtfalter. Duftveilchen können ebenfalls im Halbschatten gedeihen.

KREATIVE NUTZUNG VON SCHMALEN STREIFEN

Ob am Weg, Haus oder einer Mauer entlang, fast kein Platz ist zu klein für Mini-Beete mit Pflanzen.

Schmale Bänder

Der Weg ist ja bekanntlich das Ziel. Deshalb ist es besonders schön, wenn uns Blühendes und Grünes am Wegesrand begleitet.

Schmale Beete sind optisch manchmal eine kleine Herausforderung. Aber wenige ausgesuchte Pflanzensorten und -arten, die sich ergänzen und wiederholen, machen lange und schmale Beete zum Hingucker für Zier- und Nutzpflanzen – die man sogar beernten kann!

ÜBERGÄNGE NUTZEN

Unsere Einfahrt geht von einem Kiesweg in einen Schotterrasen und anschließend in einen Rasenbereich über. Ökologisch gesehen ist für Parkplätze, die nur ab und zu benutzt werden, ein Schotterrasen ideal, da er gut befahrbar, aber nicht komplett versiegelt ist und Tieren und Pflanzen, z. B. Kräutern, weiterhin einen Lebensraum bietet. Insbesondere bei kleinen Grundstücken, bei denen Parkplätze sonst erhebliche grüne Flächen wegnehmen würden! Unsere Einfahrt und die Randstreifen sind stark verdichtet und enthalten praktisch keinen Humus. Als Begleitung wollten wir jedoch einen blühenden Rahmen schaffen, um auch diesen Raum sinnvoll nutzen zu können.

Auf der „steinharten“ Fläche am Rand des Rasens, den die Autos nicht benötigen, kann man z. B. mit einem schlanken Hügelbeet Raum für Pflanzenwurzeln schaffen. Wer solche Gegebenheiten vorfindet, kann direkt auf die verdichtete Fläche Äste auflegen, darauf Laub und Grasschnitt schichten und am Schluss mindestens ca. 30 cm Humus darübergeben. Es kann wie beim Hochbeet, das im Prinzip die gleiche Schichtung hat, sofort gepflanzt werden. Immergrüne Ber-

SCHLANKE BEETE

Auf einer verdichteten Fläche bietet sich ein bepflanztes, schlankes Hügelbeet an.

Duftender Zwergflieder als Wegbegleitung oder eine Mini-Hecke, die nicht höher als 120 cm wird.

> **TIPP**
>
> Wer gern selber aussät, kann die Samen von Lupinen vorher in Magermilch mindestens 3 bis 4 Stunden quellen lassen. Das ist eine alte Methode der Saatgutbeize, die auch bei Erbsen einen besseren Start ermöglicht.

genien geben ein blühendes Abschlussband und halten den Rasen aus dem Beet.

BLÜHENDE DAHLIENZÄUNE

Dahlien, die sehr schneckengefährdet sind, werden bei uns in Töpfen gehalten. Zuerst stehen sie nahe an der Hauswand, um die Schneckenkontrolle und das Wachstum durch die Hauswandwärme zu erleichtern. Später, wenn sie den Schnecken davongewachsen sind, lassen sie sich in den Töpfen als schmales Band dort einsetzen, wo Farbe und Grün fehlt, z. B. an einem unschönen Zaun zum Nachbarn hin. Da die Pflanzen sehr frostgefährdet sind, nach dem ersten Frost aber meistens noch schönes Wetter herrscht, ist eine Topfkultur sehr praktisch. Denn wer etwas Platz im Hausgang oder der Garage hat, kann die Töpfe bei angesagtem erstem Frost nachts dort unterstellen und schützen. Die meistens noch voll in Blüte stehenden Pflanzen wandern dann wie-

Dahlien in Töpfen machen sich gut als Zaungäste. Mit ihren aufstrebenden Blüten von Juli bis Oktober nehmen sie nur wenig Raum ein, ohne dabei klein zu wirken. Pflanzabstand je nach Sorte 50 bis 100 cm.

der nach draußen und man kann die Blütenpracht in den letzten warmen Herbsttagen voll auskosten. Im Winter werden die Knollen in einem kühlen und trockenen Raum gelagert.

DAS ETWAS ANDERE HECKENBAND

Schmale Grenzen müssen nicht immer mit hohen Hecken oder Zäunen gestaltet werden. Ein 50 bis 60 cm schlankes, bepflanztes Band bietet Grün auf kleinem Raum.

BUCHSBAUM-ERSATZ

Buchs hatte sich über viele Jahre in vielen Gärten für Formschnitt bewährt, aber seit einiger Zeit macht der Buchsbaumzünsler den beliebten Gewächsen und dem Gärtner das Leben schwer. Bei uns ist der Zünsler noch nicht, aber das ist nur eine Frage der Zeit. Darum beugen wir dem Ganzen bereits vor und ziehen die ebenfalls sehr schnittverträglichen, mit weichen Nadeln versehenen Eiben, weiche Teddysträucher (*Thuja occidentalis* 'Teddy'), kleinblütige Rhododendren und Zwergliguster in Töpfen vor. Falls es bis zum Auftreten des Zünslers keinen biologischen Gegenspieler gibt, sind wir gerüstet. Bis dahin jedoch erfreuen wir uns an dem niedrigen Heckenband, das wir als Abgrenzung gestaltet haben.

LEICHT AUS SAMEN ZU ZIEHENDE SOMMERBLUMEN

TAGETES – Aussaat von Februar bis März im Haus oder ab Ende April im Freiland

LÖWENMÄULCHEN – Aussaat im Herbst im Freiland oder ab Februar im Frühbeet

STEPPENSALBEI – Aussaat ab März im Haus, im Freiland ab April

RINGELBLUME – Aussaat von April bis Juni im Freiland

STROHBLUME – Aussaat ab März im Haus

DUFTSTEINRICH – Aussaat März, im Freiland ab April

Wir lieben Kontraste: Auf der einen Seite natürlicher Wuchs, auf der anderen Formschnitt. Dazu werden in unterschiedlichen Formen geschnittene Buchsbäume mit herrlich duftendem Zwergflieder ergänzt. Dieser darf locker wachsen und wird nicht höher als 120 cm. Davor blüht im Frühling die niedrige, mehrblütige Narzissensorte 'Tête-à-Tête', die sich auch für Zimmerkultur eignet. Sobald die Narzissen im Frühsommer ihre Blätter eingezogen haben, können von der vermehrungsfreudigen Sorte ein paar Zwiebeln entnommen werden.
Trocken gelagert und im Herbst in Töpfe gesetzt, werden die Zwiebeln den ersten Frösten ausgesetzt. Dann kommen sie ins warme Zimmer und man erfreut sich im Winter an der Frühlingsblumentreiberei. Sobald draußen die Temperaturen wieder steigen, dürfen die Topfpflanzen zurück ins Beet zur Erholung. Im Frühsommer blühen im schmalen Band dann die Staudenlupinen. Diese verbessern den Boden, ernähren Hummeln und düngen andere Pflanzen. Düngelupinen und Staudenlupinen gehören beide zu den stickstoffbildenden Leguminosen. Im Blumenbeet sind die prächtigen Kerzen der Staudenlupinen mit ihren unterschiedlichen Farben und Farbverläufen ein eindrucksvoller Anblick und dienen ebenso wie die Düngelupinen, der Anreicherung des Bodens mit Nährstoffen.

DER 2-DIMENSIONALE MINI-GARTEN

Es gibt charmante Begleiter, die Besucher und auch einen selbst willkommen heißen. Ein Zaun hat zwei Seiten: die Höhe, die man mit Rankpflanzen wie Prunkwinden, Clematis, Wicken, Erben nutzen kann – auch außerhalb seiner Grenzen. Und am Boden ein schmales Band, z. B. mit Sommerblumen wie Tagetes, Löwenmäulchen, Ziersalbei, Ringelblumen und Strohblumen. Diese Zweidimensionalität ist leicht angelegt und kann – zumindest am Boden – jedes Jahr wieder geschaffen werden, indem neu ausgesät oder mit vorgezogenen Pflanzen bestückt wird. Dazu reicht schon eine Spatenbreite und die ganze Zaunlänge wird zum neuen Gartenteil. Duftsteinrich ist eine unempfindliche Einfassungspflanze und bildet mit seinen Blüten in Weiß, Rosa oder Violett einen duftenden Abschluss.

GESTALTEN MIT TOPF-ELEMENTEN

Dieses schmale Band nimmt nur wenig Platz an der Einfahrt ein (siehe Foto Nr. 1). Die großen Töpfe sollten alle einen Henkel haben, denn dann kann man sie auch schnell wieder umstellen, wenn der Platz doch mal benötigt wird. Ein Säulenapfel ist für Töpfe prima geeignet, da er schlank und klein gehalten werden kann.

1

2

3

1. Im Zentrum der Baumbank steht ein Säulenapfel. Daneben eine aufstrebende Buchsspirale sowie ein Topf mit Blutgras und Buntnesseln.

2. Prunkwinde, Tagetes, Löwenmäulchen und Duftsteinrich sind dankbare und leicht zu ziehende Sommerblumen. Perfekt für 2-dimensionale Mini-Gärten!

3. Mit Purpurglöckchen wird der Beetrand ganzjährig attraktiv. Zwischen den Blumen finden Süßkartoffeln, Gräser und Kräuter in alten Taschen und Schubladen Platz.

Sukkulenten und Hauswurz können, weil sie nur sehr wenig Erdvolumen und Wasser zum Leben brauchen, vielseitig eingesetzt werden, z. B. als kleine Welt auf dem Rücken einer Schildkröte! Die Pflanzung gelingt auch Garteneinsteigern. Nur bei langen Trockenperioden sollten Sukkulenten und Hauswurze gegossen werden. Alles, was sie brauchen, ist also ein sonniges Plätzchen und etwas Liebe. Mit einem Hanging Basket, Erde, einem Stück Vlies, etwas Draht und vier gleich großen Tontöpfen ist dieses Mini-Beet schnell gezaubert.

Eine Schildkröte mit Sukkulenten für sonnige Bereiche. Das Gesicht wird mit Hasendraht geformt, mit Moos ausgekleidet und mit Erde gefüllt.

DER KLEINE TERRASSEN-GARTEN

Auf einer Terrasse kann nicht nur Platz für ein Hochbeet sein, sondern auch für einen kleinen Senkgarten. Hier kann ein modernes Arrangement, das man gerne von seinem Sitzplatz aus betrachtet, voll und ganz genossen werden.

Pflanzenauswahl

In einem schmalen Band ist die Auswahl der Pflanzen besonders wichtig. Damit das Band als Band wirkt, ist es besser, sich auf wenige Pflanzensorten zu konzentrieren, die sich als Paar optisch ergänzen. Z. B. Porzellanblümchen mit Schwertlilie, die beide im Mai/Juni blühen. Auf der Terrasse sind aber auch feine Kräuter, die Duft verströmen oder die Küche bereichern, willkommen.

Pflanzgefäß

Damit das Holz der Terrasse nicht anfängt, sich zu zersetzen, ist es wichtig, die Erde der Beete vom Holz zu trennen. Holz sollte immer atmen können, also nicht einfach nur eine Folie dazwischenlegen, besser geeignet ist eine Noppenbahn. Am besten plant man einen gewissen Abstand ein, einen Holzrahmen oder ein eingesetztes Pflanzgefäß, das man leicht tauschen kann. Umso weniger Erdvolumen vorhanden ist, umso schneller trocknet die Erde aus. Je nachdem, wo man den Ablauf integriert, ist im eingesenkten Beet mehr oder weniger Wasserspeicher vorhanden. Setzt man das Abzugsloch seitlich ein paar Zentimeter hoch, läuft das Wasser erst später ab und es entsteht ein kleiner Wasserspeicher. Ist das Abzugsloch ganz am unteren Rand, eignet sich das Beet besser für Trockenkünstler, die nur selten Wasser benötigen. Damit bei Regenzeiten die Pflanzen nicht mit ihren Wurzeln im Wasser stehen müssen, sollte immer eine Dränageschicht integriert werden. Hierzu füllt man eine Schicht Blähton ein und legt ein Gartenvlies darüber, damit sich Erde und Dränage nicht vermischen.

Der Rahmen

Rund um die Terrasse sind ebenfalls schmale Beete angelegt, die Raum für etwas größere Pflanzen

1

2

schaffen. Auch hier ist die Beeterde von der eigentlichen Terrasse durch dickere, senkrecht verlaufende Balken getrennt. Ein höherer Lattenzaun dient als Sicht- und Windschutz, der aber dennoch Sonnenschein durchlässt. Rankpflanzen wie Clematis und Rosen finden hier gute Bedingungen. An einer Terrasse, auf der man sich viel bewegt, sind etwa stachelarme Rosen praktisch, wie z. B. die cremefarbene Kletterrose 'Ghislaine de Féligonde', die etwa 2,5 m lange Ranken bekommt, herrlich duftet und von Mai bis September üppig blüht – in der Sonne und im Halbschatten!

Eine moderne Optik schließt Natur nicht aus. Helles Totholz lässt sich als Skulptur einsetzen und kann dennoch ein Zuhause für Insekten sein. Diese Baumstumpen oder Baumstämme können in der Vertikalen kreativ eingesetzt werden, ohne dass sie viel Raum einnehmen. Viele Insekten freuen sich über etwas verrottendes Totholz, ob als Baumaterial, Zuhause oder Nahrungsquelle.

1. Wiederholung ist wie eine Melodie. In einem schmalen Streifen geben filigran blühende Porzellanblümchen und Deutsche Schwertlilien ein apartes Paar ab.

2. Beete rundum fassen die Terrasse ein und unterstützen die moderne Optik.

SCHNELLER UND EINFACHER ZUGRIFF

Hochbeet und Gerätehaus, Sichtschutz und fahrbarer Raumteiler. Unsere Ideen für kleine Beete können vielfältig eingesetzt werden.

Grüne Tapeten

Nicht immer will man alles sofort sehen. Aber es gibt kreative Möglichkeiten, etwas neu in Szene zu setzen oder vor Blicken zu schützen.

Sichtschutz pur auf kleinem Raum: ein pflegeleichtes Hochbeet, um notwendige Geräte zu verstauen, eine blickdichte Wand mit Nascheffekt und das wichtige Wasserfässchen elegant versteckt. Hier gibt es Ideen für grüne Tapeten für draußen, die Handwerkszeug und Grenzen kreativ umkleiden.

DAS MOBILE GERÄTE-HOCHBEET

Hochbeet, Sichtschutz, Gerätehaus, Ordnungshelfer oder fahrbarer Raumteiler. Unser Design kann vielfältig eingesetzt werden! Lieblingswerkzeuge werden in Szene gesetzt und bleiben dabei greifbar und vor Regen geschützt. Mit einer schönen und pflegeleichten Trockenstandbepflanzung macht das Gerätebeet richtig Freude. Und sollte es für längere Zeit regnen, kein Problem: Überschüssiges Wasser wird gesammelt und kann in trockenen Zeiten zum Gießen wiederverwendet werden.

Der Aufbau

Das Hochbeet wird aus wetterfesten Siebdruckplatten auf einem Rahmen aus Kanthölzern aufgebaut. Der niedrige Trog für die Bepflanzung wird mit Teichfolie ausgelegt, die um die Umfassung geschlagen und mit aufgesteckten, ausgefrästen Leisten festgeklemmt wird. Als Überlauf dient hier eine verschraubte Durchführung an einer verstärkten Stelle der Folie. Man bestückt sie mit einem Grobfilter für Pumpen. Unter dem Trog

HITZEBESTÄNDIG

Zierlauch 'Summer Beauty' mit Blüten von Juni bis August

PFLANZEN IM BEET

FETTHENNE 'Red Canyon' – blüht rot von Juli bis August; wächst horstig, bis 30 cm hoch; winterhart

PFLAUMEN-FETTHENNE – blüht karminrot von August bis September; wächst teppichartig, bis 10 cm hoch; winterhart

STERNWURZ – blüht cremefarben von Juni bis August; wächst rosettenförmig, bis 30 cm hoch; winterhart

PORZELLANRÖSCHEN – blüht weiß, rosa oder lachsfarben von April bis Juli; 20 bis 30 cm hoch mit spatelförmigen Blättern; im Winter vor Sonne und Nässe schützen, die meisten Sorten gelten als winterhart, sind aber nicht langlebig, im Topf können sie zur Sicherheit am Haus oder in der Garage überwintert werden

MAUERPFEFFER 'Chocolate Ball' – blüht gelb im Mai, Nachblüte im Juli / August möglich; wächst kompakt und polsterförmig, bis 10 cm hoch; winterhart

ZIERLAUCH 'Summer Beauty' – blüht violett von Juni bis August; breitet sich durch Rhizome langsam aus und wird 60 cm hoch; toleriert Trockenheit

ENGELSHAAR-FEDERGRAS 'Pony-Tails' – blüht von Juni bis Juli; bis 40 cm hoch; winterhart

HAUSWURZE – riesige Auswahl, ca. 5.000 Sorten; horstiger Wuchs; winterhart

BLUTGRAS 'Red Baron' – grüne Laubfarbe mit roten Spitzen; wächst aufrecht, 30 bis 40 cm hoch, rhizombildend; bedingt winterhart, darf nicht zurückgeschnitten werden vor dem Frühling und benötigt Abdeckung bei starkem Frost

MUSCHELZYPRESSE 'Nana Gracilis' – wächst schuppenförmig und langsam (5 bis 7 cm im Jahr); kann als Bonsai gehalten oder nach einigen Jahren in ein größeres Gefäß gesetzt werden

wird ein Schlauch in einen Kanister geführt. So hat man einen Ablauf und sammelt bei Regen das überschüssige Wasser. Die Höhe der Verschraubung bestimmt die Speicherkapazität. Unser Beet steht auf sechs Schwerlastrollen, um es bewegen zu können.

Die Bepflanzung

Das Beet ist ähnlich aufgebaut wie eine Dachbegrünung. Gefüllt ist es mit einer Mischung aus Erde und Perlit. Perlit wird aus Obsidian hergestellt und im Gartenbau als Zusatzstoff für Substrate eingesetzt, um vor starker Verdichtung zu schützen. Das Material ist sehr leicht. Als Abschluss für das Beet bietet sich eine dünne Schicht Zierkies an. Buntes Laub und Blüten von kleinen Pflanzen kommen dort sehr zur Geltung, da man sie auf Augenhöhe betrachten kann. Dekorationen wie kleine Kerzen können das schmale Blumenbeet bereichern.

2

1

1. Leicht zu pflegendes Trockenbeet mit Sukkulenten und Gräsern.

2. Schneller und einfacher Zugriff im Sommer auf die Terrassen- und Gartenhelfer.

Die Bepflanzung ist auf Insektenfreundlichkeit und Trockenheitsverträglichkeit abgestimmt. Nur das Blutgras und die Muschelzypresse erhalten mehr Erde als die Trockenkünstler im Beet. Beide profitieren vom möglichen Wasserstand bis zur Auslaufhöhe, sie müssen jedoch kontrolliert und wenn nötig mit Wassergaben an ihrem Platz unterstützt werden. Am einfachsten gelingt die Kontrolle, ob gegossen werden muss, mit der Fingerprobe. Fühlt sich die Erde direkt an den beiden Pflanzen feucht an, bitte nicht gießen. Gedüngt werden Muschelzypresse, Blutgras und Zierlauch im Frühling und Sommer mit Düngekegeln. Die Trockenkünstler im Beet müssen nur beim Einwachsen gegossen werden. Ihre Düngung erfolgt mit Langzeitdünger oder Düngekegeln einmal im Frühling. Dann kann man sich entspannt zurücklehnen und das kleine Gartenbeet sich nahezu selbst überlassen.

BAU AUF EINEN BLICK

Unser mobiler Geräteschuppen kann ganz leicht gebaut werden. Etwas Material, pflegeleichte Pflanzen und ein paar Handgriffe, mehr braucht man dazu nicht.

1.

Trog aus Rahmenhölzern in voller Länge und den wetterfesten Platten

2.

Durch die breiten Seitenplatten und die verschraubten Regalbretter ist die Konstruktion ausgesteift.

3.

Die Werkzeughalter sind 15° schräg gestellt.

4.

Durchführung des Überlaufs in den Kanister

5.

Das fertig montierte Geräte-Hochbeet in Detailansicht

DAS NETTE REGENFASS

Plastik-Regenfässer sind meistens nur nützlich, schöne Alternativen sieht man selten. Daher werden sie üblicherweise in die Gestaltung nicht mit eingebunden. Im Winter geleert, um sie vor Frostschäden zu schützen, nehmen sie praktisch nur Raum ein.
Um das Wassersammeln schön zu gestalten, haben wir ein großes Metallgefäß zur Skulptur verwandelt. Jeder Zentimeter unseres vorhandenen Platzes will schließlich gut genutzt sein. Das Gefäß wird im Sommer als Regenwasserspeicher genutzt und mit solarbetriebener Pumpe zum Springbrunnen. Gleichzeitig beugt man so auch Mücken vor, da diese lieber bei stillem Wasser ihre Eier ablegen. Sobald dann im Herbst die ersten starken Fröste drohen, wird das Regenfass wieder geleert, umgekehrt aufgestellt und die blaue Kugel auf kleinen Holzleisten darauf platziert – bis zum nächsten Frühjahr.

TIPP

Beim Kauf des Wilden Weines sollten Sie darauf achten, dass es sich um den 5-lappigen Wilden Wein *(Parthenocissus quinquefolia)* handelt. Dieser 5-lappige Wein ist selbstrankend, besitzt keine Haftnoppen und eignet sich gut für Rankgitter. Der 3-lappige Wilde Wein (*Parthenocissus tricuspidata* 'Veitchii') ist mit seinen Haftnoppen ideal für Hauswände und Mauern.

Der Bau – mit Geheimzugang

Als Hintergrund und Weg dient ein Geheimdurchgang aus gekanteten Baustahlmatten, deren spitze Enden mit Holzleisten gesichert sind. Das Rankgitter ist mit Wildem Wein bepflanzt, der vom Frühling bis zum Hochsommer einen schönen, ruhigen, grünen Rahmen für das schwarze Gefäß bietet und im Herbst mit seinen gelb bis scharlachrot gefärbten Blättern einen spektakulären Farbwechsel zeigt. Mit Wildem Wein an Baustahlmatten oder anderen Rankhilfen kann man so schnell etwas verstecken, das man vielleicht nicht so oft sehen will, wie z. B. einen Mülleimer oder eben eine Regentonne.
Damit der geheime Zugang gut funktioniert, werden die Baustahlmatten wie folgt aufgebaut: Eine möglichst leichte Standard-Baustahlmatte (z. B. Q131) mit 5 × 2,30 m wird quer halbiert und die beiden Teile jeweils in der Mitte um 90 ° abgekantet. Die beiden 2,30 m hohen Winkel werden so aneinandergestellt, dass sich ein Quadrat ergibt und dann um die Breite der Winkel auseinandergerückt. Dadurch wird ein S-förmiger Gang mit 1,25 m Breite geschaffen. Die Winkel können dann direkt in den Boden gesteckt werden. Die scharfen Schnittkanten der Metallstäbe werden mit einer Holzleiste abgedeckt oder Rundstahl als Schutz aufgeschweißt. Die beiden Gitterwinkel werden dann auf der Oberseite an den Ecken jeweils noch kreuzförmig verbunden – damit sind sie ausgesteift und der Wein kann die Aussteifungen wie ein Dach beranken. Wenn das Gitter vom Wilden Wein berankt ist (er kann pro Jahr 3 m zulegen und ist schnittverträglich), lässt sich der Durchgang von vorne kaum noch erkennen.

FRUCHTIGER SICHTSCHUTZ

Die Dicke eines Sichtschutzes ist nicht zu unterschätzen. Klassische Hecken nehmen oft 70 cm

1

2

aufwärts ein und wirken bei kleinen Flächen oder Wegen gerne zu wuchtig. Wenn der Platz mal eng wird und Sie sich mit einem Obstbaumspalier nicht auskennen: Johannisbeersträucher sind pflegeleicht, vielseitig, vertragen Halbschatten und nehmen nur wenig Raum ein. Eine frei stehende Johannisbeere kann schnell 5 m² Platz benötigen, im Fächerspalier gezogen ist sie dagegen nur 10 bis 20 cm tief. An einer Sichtschutzwand aus Bambus haben verschiedene Sorten ihren Platz, sodass rote, weiße und schwarze Johannisbeeren von frühen bis späten Sorten vereint gedeihen und von Juni bis August durchgenascht werden kann. Zusätzlich zum Schutz vor Blicken bietet die Bambusmatte auch Schutz vor auskühlenden Winden. Damit herrscht ein angenehmes Kleinklima für die spätfrostgefährdeten Johannisbeerblüten. Wer den Blick freigeben möchte, kann einen runden Ausschnitt als kleines Fenster mit in die Matte integrieren.

Da die natürlichen Matten sich früher oder später farblich verändern und dann nicht mehr so ansehnlich sind, bieten Johannisbeeren das ganze Jahr über einen attraktiven Hingucker: schöne dunkle Ästen im Winter, frisches Grün im Frühling und saftige Beeren im Sommer.

1. Ein Regenfass in einen Brunnen verwandeln hält sogar Mücken fern, denn diese meiden bewegtes Wasser.

2. Wilder Wein rankt schnell und bietet dem Regenfass dann einen optischen Rahmen.

Kombiniertes Nützlingsheim

Eine Schilfmatte dient aber nicht nur als Sicht- und Windschutz, auch Nützlinge wie Solitärbienen und Mauerbienen haben etwas davon. Sie nisten in den Röhren der Halme. Somit ist die aus dem Baumarkt stammende Matte ein günstiges, schnelles und etliche Quadratmeter großes Nützlingsheim. Die Nützlinge reinigen bereits benutze Röhrchen selbst und besiedeln diese neu. So hat man immer Bienchen in unmittelbarer Nähe, damit die früh blühenden Johannisbeeren auch bestäubt werden können und Erträge bringen.

Anlage und Bepflanzung

Die Johannisbeeren werden im Abstand von 2,50 m in humose, lockere Erde entlang einer Bambus- oder Schilfmatte gepflanzt, so ist ausreichend Platz für die Äste vorhanden. Die Äste werden mit weichem Draht oder wieder lösbaren Kabelbindern an der Matte fixiert – die Matten wurden bei uns an einem vorhandenen Wildschutzzaun entlang der Grenze fixiert. Wenn die Matten freistehend als Sichtschutz dienen sollen, muss für eine windstabile Unterkonstruktion gesorgt werden. Dies können zwischen abgespannten Pfosten ge-

Ein schmales Johannisbeerparadies als Sicht- und Windschutz für sonnige bis halbschattige Gärten und Wege

spannte Drähte sein oder ein Holzrahmen. Zum Schluss bekommen die Pflanzen eine leichte Auflage mit Hackschnitzeln, die auch als Weg fungieren kann.

Erziehung zum Fächerspalier

Schwarze Johannisbeeren tragen am einjährigen Holz, der beste Ertrag ergibt sich 2 Jahre nach dem Schnitt. Ende Juli/Anfang August wird der Erziehungsschnitt durchgeführt. Die Äste, die dann neu wachsen, tragen in der nächsten Saison bereits Früchte und erreichen im Jahr darauf ihre Bestform. Alle Äste, die nicht in die Fächerform wachsen, werden beim Erziehungsschnitt herausgeschnitten, die übrigen mit Draht an der Matte befestigt. Abstand der Äste untereinander 30 bis 40 cm.
Weiße, Rosa und Rote Johannisbeeren erhalten ebenfalls gleich nach der Ernte einen gemäßigten Sommerschnitt. Da weiße, rosa und rote Sorten am mehrjährigen Holz tragen, wird nur das überschüssige junge Holz herausgeschnitten, damit die übrigen Hölzer ausreifen und härten können. Alle 2 bis 3 Jahre wird auch altes Holz entfernt, maximal ein Drittel des Strauches, hier ist weniger mehr.

Mehrere Sorten können auf kleinstem Raum ihren Platz finden. Hier sind es 'Jonkheer van Tets' und 'Ometa'.

JOHANNISBEERSORTEN MIT REIFEZEIT

REIFEZEIT	WEISSE / ROSA SORTEN	ROTE SORTEN	SCHWARZE SORTEN
Früh - Ende Juni	Rosa Sport	Jonkheer van Tets	Titania
Mittel - ab Mitte Juli	Weiße Versailler	Rote Vierländer	Ometa
Spät	Blanka	Rovada	Daniels September

GRÜNE RÄUME – BLÜTENTRÄUME

WASSER IST LEBEN

In einem belebten Garten sollten sich alle Elemente finden und da darf Wasser natürlich nicht fehlen.

Kleine Wassergärten

Platz wird oft zur Mangelware und so reicht der vorhandene meist nicht mehr für einen richtigen Teich. Doch Wasser bedeutet Leben und daher braucht man andere Gestaltungslösungen.

Nicht zu unterschätzen ist auch der Pflegeaufwand, den so ein Teich mit sich bringt. Die Anlage und Pflege von Wassergärten in kleinen Gefäßen gestaltet sich da deutlich leichter! Auch ein Mini-Teich kann große Freude bereiten, aber was macht man, wenn man nur ganz wenig Platz hat? Oder man keine baulichen Maßnahmen vornehmen darf? Die unterschiedlichen Bereiche eines Teiches sind in einem Kübel schwer darzustellen, da der Platz sehr begrenzt ist.

WASSER-HOCHBEET AUF 1 M²

Unser Wasser-Hochbeet ist leicht zu bauen und löst das Problem, ausreichend Platz für Flachwasserzone, Sumpfzone und Feuchtzone bieten zu können, um sich für längere Zeit an der Wasserfläche erfreuen zu können.
Damit sich die Seerose ungestört entwickeln kann, bekommt sie hier eine Wanne für sich allein. Daneben sitzt eine Wanne mit der Flachwasserzone. Das verbindende Glied ist ein Balkonkasten mit Sumpfzone, der als Feucht- und Filterzone dient. Die unterschiedlichen Zonen bieten gute Wachstumsbedingungen und durch die vielfältigen Pflanzen, die dadurch angebaut werden können, wird das Wasser gereinigt. Nützlinge können anfliegen und sich rundum wohlfühlen, sodass auch Mückenlarven auf Dauer normalerweise im Mini-Teich kein Problem sind. Die Seerose kann später in einem Wassereimer im Keller überwintern.

Material

2 Mörtelwannen, 1 Balkonkasten, der über das Geländer gestülpt werden kann, 1 stabile Grundplatte, 6 Rollen, die Gewicht tragen können, mit ausreichend Schrauben, 2 Sack Spiel-

Rollbares Wasser-Hochbeet: Freude an Wasser auf der Terrasse, dem Balkon oder auf kleinstem Raum.

zeugsand, Kies, schöne stapelbare Steine, 2 kg Schieferton und die Strandschätze vom letzten Urlaub, z. B. Muscheln.
Wer möchte, kann die Mörtelwannen zusätzlich mit Bastmatten oder Holz verkleiden.
Bepflanzung: 1 Seerose, 1 Mini-Hosta, 1 Hirschzungenfarn, 1 kleiner Schildfarn, 6 bis 10 Zwerg-Rohrkolben, 1 Amerikanischer Kalmus und 1 Fieberklee.

Und so geht's

Die Platte nach Wunsch lackieren. Die Rollen gleichmäßig verteilt unter die Platte schrauben und die Wannen auf das Rollbrett stellen. Für die Seerosenwanne einen halben Sack Spielzeugsand und den Schieferton mischen. Seerosenwurzeln vorsichtig in die Mischung einsetzen, Kies 2 cm dick darüber ausbreiten, langsam mit Wasser befüllen. In der zweiten Wanne einen halben Sack Spielzeugsand auf dem Boden verteilen. Balkonkasten auf beide Mörtelwannen aufstecken, mit 3 cm Kies füllen, den restlichen Platz mit Sand befüllen. Als Abtrennung in der Mitte der zweiten Wanne nun schöne Steine als Mäuerchen aufschichten. Der übrige Sand wird mit Kies gemischt und hinter der Mauer eingebracht, sodass eine Flachwasser- und eine Sumpfwasserzone in der Mörtelwanne

PFLANZEN FÜR MINI-WASSERGÄRTEN

SEEROSENSORTEN FÜR KÜBEL – 'Perrys Baby Red' mit Blüte von Juni bis Oktober, Pflanztiefe 30 bis 50 cm; 'Laydekeri Lilacea' mit duftenden Blüten von Juni bis September, Pflanztiefe 40 bis 50 cm

KALMUS – mit ungewöhnlichen, grünlich gelben Blüten, kolbenartig, die bis zu 10 cm lang werden können; bis 70 cm hoch

FIEBERKLEE – hübsche weiße Blüten von Mai bis Juni; Wassertiefe 5 bis 20 cm

ZWERG-ROHRKOLBEN – runde Kolben, Blüten von April bis Juni; maximal 70 cm hoch, daher gut für Kübelkultur geeignet; Wassertiefe 5 bis 10 cm

HECHTKRAUT – blauviolette, ährige Blüten ab Juni, die an sonnigen Stellen bis Oktober erscheinen; fühlt sich in sumpfigen Gebieten wohl; Insektenweide

MINI-HOSTA 'Blue Mouse Ears' – weißviolette Blüten von Juli bis August; leicht feuchte bis sonnige Stellen in der Feuchtzone; winterharte, kleine Staude

HIRSCHZUNGENFARN, KLEINER SCHILDFARN – fühlen sich in der Feuchtzone des Balkonkastens in der Sonne wohl

entstehen. In die Flachwasserzone werden Kalmus und Fieberklee eingepflanzt, in die Sumpfzone die Zwerg-Rohrkolben. Wanne langsam mit Wasser befüllen, damit das Wasser nicht allzu trüb wird. Zum Schluss werden die Farne und die Hosta in den Balkonkasten gepflanzt und mit den Strandschätzen vom letzten Urlaub dekoriert. Zum Überwintern das Wasser-Hochbeet nahe an die Hauswand schieben und z. B. mit Winterschutzmatten umwickeln.

MINI-SEEROSENTEICH IN DER WANNE

Der Pflegewand eines kleinen Wassergartens in der Wanne ist überschaubar. Der Wasserstand

Kies und Sand ergeben die feuchte Uferzone. Nützlinge wie Bienen können am feuchten Sand trinken, ohne dabei in Gefahr zu geraten.

Auch wenn der Platz für einen Teich nicht reicht, muss man nicht auf Seerosen verzichten.

sollte regelmäßig kontrolliert werden, abgestorbene Pflanzenteile müssen entfernt und starkwüchsige Pflanzen zurückgeschnitten werden. Gegen Algen helfen übrigens ein paar Wasserschnecken.

Wasserwanne befüllen und bepflanzen

Als Bodengrund wird Spielsand in die Wanne eingefüllt. Die Seerosen erhalten große Töpfe, die man mit Sand und Schieferton befüllt. Vorher in die Töpfe größere Löcher schneiden, damit die Wurzeln der Seerosen sich gut versorgen können. Sie dürfen auch Pflanzkörbe für Seerosen verwenden. In die Töpfe bzw. Körbe wird Seerosendünger in Form von Düngekegeln hinzugegeben. Der Mini-Seerosenteich sollte, wenn möglich, mit Regenwasser auf- und nachgefüllt werden, da Leitungswasser durch das enthaltene Phosphat für vermehrte Algenbildung sorgt. Im Teich reicht eine Wassertiefe von 60 cm aus, sodass einheimische Seerosenarten gut über den Winter kommen könnten, z. B. 'Rubra' mit roten Blüten und 'Walter Pagels' mit weißen Blüten.

TIPP

Damit man Spaß an seinem Bachlauf hat, sollte dieser so ausgerichtet sein, dass man das Wasser auf sich zulaufen sieht, also immer gegen die eigene Hauptlaufrichtung im Beet fließen lassen oder auf einen Sitzplatz zulaufend.

Überwinterung der Seerosen

Die Zinkwanne wird jedoch in kalten Wintern komplett durchfrieren, sodass man die Seerosen am besten in mit Wasser gefüllten Eimern im Keller oder in der Garage überwintert – nur um auf Nummer sicher zu gehen. Ab November geht es jährlich in dieses Winterquartier. Hier sollte man auch nachkontrollieren, ob verfaulte Blätter oder Wurzeln an den Pflanzen sind, und diese dann entfernen. Im Frühjahr darf der Sand in der Wanne zum Mischen für Kompost oder in den Beeten zum Auflockern verwendet werden. Ab Mai kommen die Pflanzen dann wieder in die gereinigte Wanne.

Eine Zinkbadewanne bietet sich als Seerosenteich an. Als Dekoration sind Halbedelsteine und Pfingstrosenblüten schön, bis die Seerosen selbst ihre Knospen öffnen.

BACHLAUF IM STAUDENBEET

Mehr Spaß mit einem Schalenteich: Diese, auch Nierenteich genannten Schalen, sind sehr haltbar, haben aber eine unnatürliche Form. Schwierig ist es auch, den Kunststoffrand optisch verschwinden zu lassen. Das Praktische ist jedoch, die eingebaute Flachwasserzone auf engem Raum. Um unser kleines Schalen-Tümpelchen aufzupimpen, haben wir einen 3,50 m langen und 70 cm breiten Bachlauf mit Quelle quer durch unser Staudenbeet angelegt (siehe folgende Seite)! So haben wir einen kleinen Wassergarten mit Blumen bzw. ein kleines Gartenzimmer mit 5,50 m Länge und 3 m Breite. Links und rechts davon sind Hackschnitzelwege.
Mithilfe einer solarbetriebenen Pumpe lässt sich fast überall eine solch erfrischende Oase des Lebens verwirklichen, selbst auf versiegelten Flächen oder in einem Kastenbeet, gefüllt mit Sand und Erde. Wer keine Kunststoffschale hat oder diese zu tief ist, kann auch eine Duschwanne aus einem Badeumbau verwenden, um sich ein Staudenbeet mit Wasserfangbecken und Bachlauf zu gestalten. Bewegtes Wasser ist aber nicht nur schön, sondern beugt auch Mückenlarven vor.

So wird's gemacht

Material Schalenbecken, Teichfolie, Sand, Wanne mit ca. 40 cm Durchmesser, Wasserpumpe, Schlauch für Pumpe, Leerrohr für Schlauch, 2 bis 3 Schieferplatten, Zierkies, Ziersteine

1

2

1. Bei offenen Wasserflächen sollten immer Steine integriert werden, damit Tiere wieder herausklettern können.

2. Bei wenig Platz im Garten kann man einen schmalen Bachlauf direkt im Beet platzieren.

Anleitung Bachlauf An die tiefste Stelle kommt das Schalenbecken. Den Aushub kann man für das Modellieren des Bachlaufes verwenden, um den nötigen Höhenunterschied von 2 bis 5 % zu erhalten. Sand eignet sich gut, um die Aushöhlung an die Form der Schale anzupassen.
Beim Formen des Bachlaufbodens sollte man darauf achten, dass unterschiedlich breite und tiefe Höhlungen entstehen. Diese Vertiefungen werden mit kleinen Erddämmen voneinander getrennt und jede Stufe etwas niedriger angelegt als die vorhergehende. Wenn die Pumpe später an ist, läuft das Wasser von einem kleinen Becken ins nächste. So entsteht ein schöner Klang und das Wasser läuft nicht einfach nur nach unten. Falls die Pumpe nicht läuft, steht in den kleinen Becken immer noch Wasser, die Wasserpflanzen können sich versorgen und der Bachlauf sieht nicht leergelaufen aus. Hier ist gutes Augenmaß gefragt. Man kann sich die Arbeit aber auch sehr erleichtern, indem man eine Wasserwaage zu Hilfe nimmt. Anschließend wird Sand oder Vlies auf die ausgeformte Fläche des Bachlaufes gelegt, damit die Teichfolie vor spitzen Steinen geschützt wird. Ein Leerrohr für den Schlauch der Pumpe, die das Was-

ser oben wieder in die Quelle pumpen soll, ist praktisch, falls der Schlauch mal getauscht werden muss. Die Wasserpumpe wird in das Schalenbecken eingelegt und der Schlauch der Pumpe, mit Steinen beschwert, in die Quelle gelegt. Die Maße der Folie sollte jeweils mindestens 10 cm an den Rändern breiter bemessen sein, als der spätere Wasserstand sein soll, damit die Ränder gut im Beet versteckt werden können. Die Folie wird nach dem Schlauchlegen auf der Fläche ausgebreitet. Die Folie muss über den Rand in das Schalenbecken geführt sein. Am höchsten Punkt steht – auf der Folie – als Quelle eine Metallwanne, in deren Rand wir eine kleine Delle als Ausgießer geschlagen haben. Leicht schräg gestellt, läuft hier das Wasser kontrolliert in den Bachlauf. Die Metallwanne ist gefüllt mit Sand und Steinen, hier ist Platz für feuchtigkeitsliebende Wasserpflanzen wie Sumpfiris, die gern viel Platz für ihre Wurzeln haben.

Die Folie kann mit Zierkies bestreut werden, so lässt sich der Übergang wunderbar im Beet verstecken. Die Dämme der einzelnen Becken werden mit dünnen Platten belegt, z. B. aus Schiefer, und schaffen so kleine, kaskadenartige Wasserfälle, die das Wasser plätschern lassen. In die Feuchtzone des Hartschalenbeckens können Sie Sand streuen und hübsche Flusssteinchen legen. Im Bachlauf finden Mini-Rohrkolben Platz, im Beetrand stecken Zierlauch, Jungfer im Grünen, Günzel, Blutströpfchen und Schachbrettblumen.

Aufbau des Bachlaufs:
(1) Schalenbecken, (2) Pumpe,
(3) Schlauch, (4) Schieferplatte,
(5) Quelle, Metallwanne

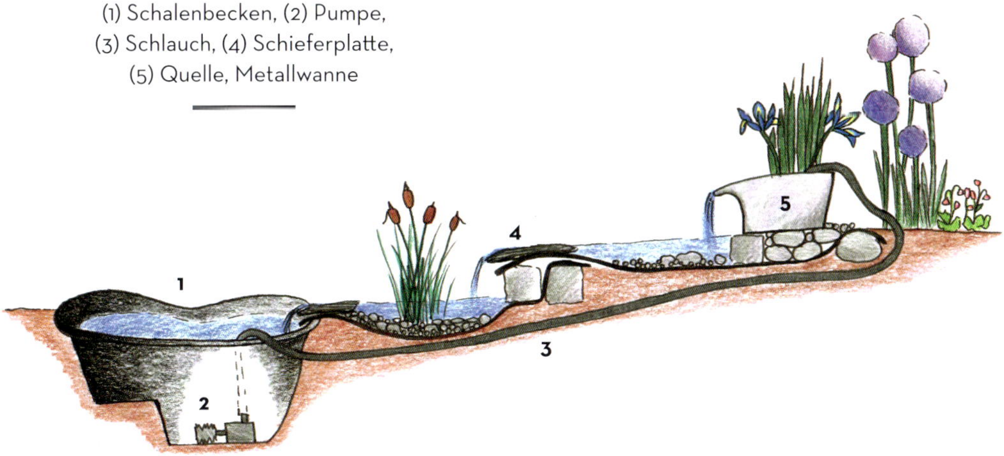

Farngarten mit Speisepilzen

Farne werden in Gärten als Gestaltungselement selten eingesetzt, sind aber ein Blickfang an Stellen, an denen Sommerblumen oder Stauden nicht mehr gedeihen.

Im Mittelalter warf der Farn durch seine Vermehrung über Sporen einige Rätsel auf. Es hieß, dass ein Farn nur zur Johannisnacht eine einzelne goldene Blüte mit Samenkorn trug, das verschwand, sobald es zu Boden fiel. Der Sagen umwogende Samen sollte einen zu einem Schatz geleiten. Heute wissen wir, dass sich Farne nicht über Blüten vermehren, doch versprühen sie immer noch ihren ganz eigenen Zauber.

GUTE KOMBINIERER

Grün ist die Farbe der Hoffnung und bringt Licht in Schatten. Unter Farnen gibt es Spezialisten für fast jeden Platz. Im Garten oder Topf bietet der Austrieb im Frühling, kombiniert mit den ersten Zwiebelblumen im Jahr, auch einen Mehrfachnutzen. Zuerst erfreut man sich an den Blüten von Schneeglöckchen, gefolgt von blauen Leberblümchen, gelben Schlüsselblümchen und Narzissen. Danach rollen sich die Wedel der Farne mit schön anzusehenden Formen und Farben aus. Später deckt das gezahnte Blatt das wenig attraktive, sich einziehende Laub der Zwiebelblumen ab und spendet im Sommer den Frühlingsblühern das richtige Kleinklima.

TIPP

Farne gedeihen am besten an einem windgeschützten Platz. Sie lieben Blatthumus und werden idealerweise im Herbst gepflanzt. Beim Setzen sollte darauf geachtet werden, dass sie tiefer gesetzt werden, wie sie im Topf waren. Das Laub von Farnen wird über den Winter als Winterschutz liegen gelassen.

SORTEN FÜR KLEINE GÄRTEN

Für Gärten mit wenig Platz und viel Schatten eignen sich folgende kompakt bleibende Farne, die nicht wuchern:

- Haariger Pelzfarn 'Cimbra' (25 bis 30 cm hoch), Schmaler Schildfarn 'Roca' (30 bis 35 cm hoch), Goldschuppenfarn 'Crispa' (40 cm hoch), Hirschzungenfarn 'Phyllis' (40 cm hoch) und Rotschleierfarn 'Autumn' (35 cm hoch). Zu solchen kleinen Farnen passen niedrig wachsende Partner wie Kriechender Günsel, rote Purpurglöckchen, gelbe Waldsteinie, strukturstarke Hosta und üppig blühende Feen-Fuchsien.
- Japanischer Regenbogenfarn 'Metallicum', wird auch Brokatfarn genannt, ca. 20 bis 40 cm hoch, frischer bis feuchter Standort, benötigt keine besondere Pflege, für Topfkultur und saure Böden geeignet, hat interessante Blattfarben und Farbverläufe.
- Hirschzungenfarn. Die schmalblättrige, krause Sorte 'Angustatum' liebt feuchte, schattige und kalkreiche Steingartenpartien. Ebenso kann der Farn gut unter Gehölzen in Laubhumus stehen.
- Zwerg-Pfauenradfarn. Die attraktive Sorte 'Imbricatum' hat attraktive hellgrüne, grazile Wedel. Der Farn wächst langsam und liebt luftfeuchte, locker-humose, kalkarme Standorte sowie Halbschatten. Höhe 10 bis 20 cm.

Zu den mittelhohen Farnen gehören die folgenden Arten und Sorten:

- Der Elefantenrüsselfarn hat einen besonders interessanten Austrieb. Er wird ca. 60 cm hoch und benötigt frische, feuchte Böden. An günstigen Standorten ist er wintergrün.
- Der Pfauenradfarn hat schwarze, drahtig glänzende Stiele. Zusammen mit dem hellgrünen Blatt ergeben sie schönes Schnittgrün für Blumensträuße. Langsam wachsend und sehr langlebig an luftfeuchten, kalkarmen,

FARNE ALS DÜNGER

Bei stärker wachsenden Farnsorten verwenden wir die Blätter zum Düngen anderer Pflanzen. Farnblätter enthalten viel Kalium. Dieses ist für gesundes Zellgewebe wichtig. Es erhöht die Widerstandskraft von Pflanzen bei Kälte und Trockenheit. Ebenso ist es für die Ausbildung von Früchten unerlässlich. Kartoffeln, Tomaten, Kürbisse und Gurken beispielsweise haben einen hohen Bedarf an Kalium. Die Blätter der Farne werden entweder zum Kompost dazugegeben, als Jauche verwendet oder getrocknet und gerieben unter Stauden, Gemüse oder Kräuter gestreut.

Farne benötigen nur wenig Wurzelraum. In einem alten Baumstamm arrangiert, haben sie eine dekorative Wirkung.

locker humosen Böden im Halbschatten, er wird etwa 40 bis 50 cm hoch.
- Der Straußenfarn ist üppig grün und wuchert. Er kann in Schattenpartien eingesetzt werden, in denen schnell etwas wachsen soll. Am besten grenzt dieser schattige Platz an einen sonnigen an, damit der Farn nicht alles übernimmt.

Die folgenden Farne können in kleinen Ecken mit entsprechender Unterpflanzung toll aussehen:
- Königsfarn. Der majestätische, heimische Farn liebt luftfeuchte, kalkarme Böden, er ist sehr langlebig und wird im Alter bis zu 1,50 m groß.
- Der Wurmfarn besitzt einen schönen, bräunlichen Austrieb, er ist anspruchslos und anpassungsfähig. Auf feucht-sonnigen Stellen oder auch auf trockenen Schattenplätzen zeigt der 80 cm große Farn sein robustes Wesen.
- Der Baumfarn kann bis zu 4 m hoch werden und gedeiht auch in großen Töpfen. Er wächst allerdings nur 5 cm im Jahr! Im Winter sollte er draußen einen Schutz bekommen oder ins Haus gestellt werden, da er nur bis –5 °C verträgt.

SELBST PILZE ZÜCHTEN

Zwischen Farnen fühlen sich auch Speisepilze wohl. Auf Laubholzstämmen wachsen über

viele Jahre z. B. bis zu 30 cm große Austernseitlinge, die sich dort leicht züchten lassen. Lecker und einfach zu ziehen ist auch der gelbe Zitronenseitling, dessen Fruchtkörper wie beim Austernseitling in büscheligen Trauben wächst.
Um eigene Speisepilze zu züchten, haben wir die geschnittenen Baumabschnitte mit Körnerbrut oder Dübelbrut beimpft, die es im Fachhandel zu kaufen gibt. Die Laubholzstämme sollten frisch geschlagen und ca. 8 Wochen lang vor dem Beimpfen gelagert werden, damit die Abwehrkräfte des Baumes die Pilzbrut nicht abtöten. Älter als 6 Monate darf das Holz jedoch nicht sein. Sollte es bereits länger als 8 Wochen geschlagen sein, werden die Stämme vor dem Beimpfen über Nacht gewässert.
Beim Beimpfen ist zu beachten, dass frisch angelegte Kulturen 4 bis 8 Wochen lang frostempfindlich sind. Daher empfiehlt es sich, im Spätfrühling oder Spätsommer zu starten. Nach dem Beimpfen und Durchwachsen der Pilzmyzel werden die Baumabschnitte etwa zu einem Drittel in den Boden eingesenkt.
Aber Achtung, Schnecken lieben junge Pilze. Sie fressen schon die winzigsten Ansätze, wenn sie können. Da ist regelmäßige Schneckenkontrolle unerlässlich.

1

2

3

1. Baumfarne fühlen sich im Halbschatten bis Schatten den Sommer über richtig wohl, ebenso unterpflanzte Purpurglöckchen.

2. Der Natur nachempfunden: Speisepilze und Farne.

3. Filigran rollen sich die Farnblätter im Frühjahr auf.

Gestalten mit Steinen

Steinmauern mit offenen Fugen oder bisher ungenutzte Kiesflächen bieten Fauna und Flora eine Nische. Es gibt viele Trockenkünstler und anpassungsfähige Pflanzen, die diese Nischen schätzen.

Unebenheiten im Gelände werden heute beim Neubau zum Haus hin gern mit Flussbausteinen aufgefangen. Leider sind viele dieser „Feldherrenhügel“ in den Dimensionen unpassend. Meistens werden sie heutzutage noch nicht einmal bepflanzt und erschlagen den Betrachter mit Einheitsgrau. Dabei können Steine in Kombination mit Pflanzen so attraktiv aussehen.

KLEINE STEINMAUER BAUEN

Wir nutzen unsere Steinmauer als blühenden Sitzplatz. Für eine lockere Natursteinmauer ohne Betonierung ist eine Neigung von 60 bis 80 ° wichtig. Zur Stabilisierung braucht man ein Fundament. Bei kleineren Mauern reicht eine etwa 30 cm dicke Steinschicht in einer Grube, die für bessere Stabilität auch betoniert werden kann. Eine gute Drainage ist wichtig, daher zwischen die ersten Mauerschichten ausreichend Gesteinsschutt einfüllen oder Drainagerohre einbauen, die mit einer groben Kiesschicht umgeben werden. Dann wird die Mauer mit größeren Steinen in mehreren Schichten aufgebaut. Die großen Steine werden mit Bruchsteinen gut verkeilt, die Ritze und Fugen füllt man mit Erde auf und stampft sie am Schluss gut fest. Die Mauerkrone wird zum anschließenden Beet ggf. mit Erde angeglichen, sodass eine ebene Fläche zwischen Mauerkrone und Beet entsteht.

Unsere Pflanzen für die Steinmauer

- Stiefmütterchen. Sie erblühen bei uns ab Frühling über Monate hinweg in Hellblau und Orange – denen wir zum guten Gedeihen in Fugen Humus geben. Ihre Blüten sind nicht nur attraktiv, sie sind auch essbar und eine dekorative Salatbeigabe. In heißen Sommern müssen die Pflanzen jedoch ab und zu gegossen werden.

Kräuter und bunte Stiefmütterchen bringen Leben in die Steinmauer. Pflanzen, die Sonne und Wärme schätzen, finden sich gerne in der Nähe ein.

Sonnenfänger: Steine speichern Wärme und geben sie nachts wieder ab. Ideal für Sitzplätze, die man abends genießen möchte.

1

2

1. Alte Tongefäße erwachen zu neuem Leben. Bepflanzt mit genügsamen Steingartenpflanzen und integrierten Steinen, hat man auch auf versiegelten Flächen die Möglichkeit, sich an Grün zu erfreuen.

2. Portulakröschen lassen sich leicht vermehren und wirken durch die verschiedenen Blütenfarben wie mehrere Pflanzen.

- Dickblattgewächse. Mauerpfeffer und Fetthenne wachsen zwischen den Stiefmütterchen. Mauerpfeffer ist eine unkomplizierte Pflanze (Blütezeit Juni bis August), Fetthennen sind mit ihren mehreren 100 verschiedenen Arten äußerst genügsame und dankbare Stauden (Blütezeiten Mai/Juni). Unter ihnen finden sich viele Arten, die seit Jahrhunderten als Heilmittel eingesetzt werden. Die rosa blühende Fetthenne *Sedum telephium* z. B. wird heute noch als Aloe-Vera-Ersatz für die Hautpflege empfohlen. Die Pflanzen werden ca. 70 cm hoch und sind bei Bienen beliebt. Die eng aneinandergeschmiegten Rosetten der Hauswurze lieben Steinfugen ebenfalls, es gibt hier ca. 3.000 Sorten und im Handel in der Zwischenzeit eine riesige Auswahl. Die auch als Steinrose bekannte Pflanze wird als Aloe vera des Nordens bezeichnet und soll erfrischend und entzündungshemmend wirken. Sie füllt die noch offenen Fugen und erfreut mit ihren Blüten. Nach der Blüte stirbt die Rosette ab, hat aber bis dahin für viele Nachkommen gesorgt.
- Weitere Pflanzen für die Steinmauer sind Blaukissen, Karpaten-Glockenblume, Gelber Lerchensporn, Zimbelkraut, Büschelglocke, Herzblättrige Kugelblume, Kriechendes Gipskraut, Kriechender Thymian, Immergrüne Schleifenblume, Rotes Seifenkraut.

BLÜTEN AM STEINIGEN WEGESRAND

An Pflasterflächen entlang und in den kleinsten Ecken findet sich Platz für Pflanzen. Portulakröschen sind zwar nicht winterhart, aber die Samen können überleben, wenn die Blüten im Sommer nicht abgeschnitten werden (Blütezeit Juni bis September). Sie lassen sich auch hervorragend vermehren, indem man abgetrennte Pflanzenteile wieder in die Erde steckt und

1

2

1. Bronzefenchel, Lauch, Schnittlauch, Meerkohl und Grasnelken begleiten den Kiesweg.

2. Goldfelberich und Baldrian kommen sogar mit besonders verdichteten Lehmböden zurecht und erobern neue Kiesflächen, die man vorher noch nicht als Gartenteil genutzt hat.

feucht hält. Portulakröschen lieben trockenere, sonnige Plätze im Garten, aber Halbschatten ist auch noch in Ordnung. Da sie sandige Plätze mögen, sind die Ränder zu Plattenwegen ideal, und der Pflegeaufwand ist sehr gering. Mit ihren vielfarbigen Blüten scheinen sie aus mehreren Pflanzen zu bestehen. Daneben fühlt sich Bellis wohl, das gefüllt blühende Gänseblümchen ist zweijahrig und kann im Juni/Juli gesät werden. Da es ein Lichtkeimer ist, wird der Samen nur auf die Erde ausgebracht, festgedrückt und angegossen. Fertig!

KLEINE KIESFLÄCHEN ZUM BLÜHEN BRINGEN

Kiesflächen lassen sich ebenfalls zum Gärtnern nutzen. Fiedriger und feiner Bronzefenchel, strukturstarker Meerkohl und verschiedene Laucharten, ja sogar Schnittlauch, der überraschend schöne Blüten bietet, fühlen sich hier wohl. Auch Grasnelken blühen gern auf Kiesabdeckungen.

Wer schweren, verdichteten Boden vorfindet, kann – ohne den Boden aufbessern zu müssen – Baldrian und Goldfelberich pflanzen. Aber Achtung: Goldfelberich kann wuchern, in guten Gartenböden übernimmt er alles. Im verdichteten Boden lässt er sich besser beherrschen und erfreut mit langer Blütezeit. Dazwischen kann in Pflanzlöchern, die mit Sand und Humus aufgebessert wurden, auch die Bartiris ihre Heimat finden.

PLATZ FÜR BLUMEN SCHAFFEN, WO VORHER KEINER WAR

Eine klassische Kiesgartenbepflanzung kennt man bereits, aber auch bunte Saisonblumen können in Kies gepflanzt werden. Die gegebe-

Eingangsbereiche und Ecksituationen lassen sich mit Kies und runden Formen leicht gestalten.

nen vorherrschenden Farben lassen sich einbinden. Das Hellgrau ist bei uns durch Steine, Kies und Kasten vorgegeben. Rosa, violette und purpurfarbene Blumen bieten einen ruhigen Rahmen. Da des Öfteren vor dem Stromkasten schwarze Mülltonnen stehen, werden diese durch die großen, anthrazitfarbenen Töpfe optisch in den Hintergrund gedrängt.

Wenn das Pflanzloch für die Saisonblumen nicht tief ausfallen kann und die Humusbeigabe dadurch gering ausfällt, kann als Wasserspeicher sogenanntes Wasserspeichergranulat dazugegeben werden, damit die Pflanzen bessere Bedingungen vorfinden und das Gießen erleichtert wird. Nichtsdestotrotz sollten hier die Pflanzen täglich kontrolliert werden. Wer im Kies nur wenig gießen möchte: Trockenkünstler wie niedrige Gräser, z. B. das Japanische Blutgras mit roten Spitzen, und Dickblattgewächse (siehe Seite 70) sind hier immer willkommen.

Die Bepflanzung

Die Töpfe im Kiesbeet sind bepflanzt mit für Insekten interessanten Blüten, wie farbigem Sonnenhut, Petunien als Langzeitblüher für das Taubenschwänzchen und Schmetterlingsflieder für noch mehr Schmetterlingsarten.

Dahlien im Hintergrund blühen im Sommer bis zum Frost. Sonnenblumen in Töpfen werden dem Auge gelbe Farbtupfen bieten und den Vögeln Samen. Im Kies wachsen ab dem Sommer Chrysanthemen und Flammendes Käthchen. Mit wenig Aufwand ist vielfältiger Nutzen in einer sonst tristen Ecke geschaffen!

Bunte Beete rund ums Jahr

Mut zur Fülle! Auf wenig Raum darf auch mal eng bepflanzt werden. Immergrüne und früh blühende Sträucher machen hier das ganze Jahr über Freude.

Wer wenig Raum zur Verfügung hat, findet oft nur einen Pflanzbereich vor und wird vor die Qual der Pflanzenwahl gestellt. Wer sich mit den Lebensbereichen von Pflanzen, z. B. Stauden, etwas beschäftigt, schafft gute Voraussetzungen für viele Jahre Freude.

KLEINER, GRÜNER PFLANZEN(T)RAUM

Dieser Gartenraum (siehe Foto rechts und Seite 74) ist mitsamt der Rasenfläche nur 4 m breit und 13 m lang. Durch strukturstarke Pflanzen und einen optisch geliehenen Hintergrund der Nachbartannen wird hier Größe erzielt. Mit diesen Strukturen und den immergrünen Pflanzen gibt es auch im Winter etwas zu betrachten. Der Hackschnitzelweg dient als kleine optische Täuschung, indem er vorne breiter ist als hinten. Auch die Pflanzengröße mit vorne großen, hinten kleiner werdenden Pflanzen unterstützt die Wirkung. Zu entdecken gibt es viel, denn der Weg führt zu einem kleinen Brunnen und einer gemütlichen Bank, auf der man seinen Blick schweifen lassen kann. Die Übergänge vom Rasen zu den Wegen lassen sich gut pflegen, indem regelmäßig mit einem Rasenkantenstecher die Ränder abgestochen werden. So wird

IMMER GRÜN

Intelligente Flächennutzung durch Pflanzenpracht in allen Jahreszeiten

Eine Staffelung in Zeit und Raum: mit immergrünen Strukturspflanzen wie Eibe und Buchs sowie leuchtenden Blühpflanzen wie Gladiolen und gelber Iris.

ein sanfter Übergang hergestellt. Die Beetenden sind hier mit strukturgebenden Sträuchern, die schlank gehalten werden können, gestaltet.

KLEINE GÄRTEN UNTER KLEINEN OBSTBÄUMEN

Klein bleibende Obstbäume wie Buschbäume und Halbstämme sind lichter und können dadurch besser unterpflanzt werden. Ebenso sind sie leichter zu pflegen als ihre großen Kameraden. Wir haben festgestellt, dass kleine Obstbäume, die später Halbschatten bieten, am besten in Beeten gedeihen, da sie sich nicht gut mit Gras vertragen. Die richtige Unterpflanzung sorgt also für grasfreien Raum um die Wurzeln der Bäume herum und für gute Fruchterträge.

Apfel- und Birnbaum bunt unterpflanzen

Der kleine Gartenraum unter unserem Apfelbaum 'Rewena' ist nur 2 m breit und 3,50 m lang, daneben folgt ein Birnbaumbeet mit denselben Maßen mit der Birne 'Gute Luise'. Weiße Christrosen, die auch Schneerosen genannt werden, blühen unter den Bäumchen von Januar bis März. Sie vertragen den Wurzeldruck und blühen bis zu 20 Jahre lang am gleichen Platz.

UNKOMPLIZIERTE STAUDEN – NACH LEBENSBEREICHEN

WALDSTAUDEN – können in Gärten unter Bäume gepflanzt werden, z. B. Anemonen oder Buschwindröschen

GEHÖLZRANDSTAUDEN – finden ihren Lebensraum unter und an Büschen, z. B. Prachtspieren oder Storchschnabel

FREIFLÄCHENSTAUDEN – sind im Gegenzug zu Prachtstauden kaum züchterisch bearbeitet, vertragen keinen Konkurrenzdruck oder Schatten, z. B. Färberkamille und Königskerze

STEINGARTENSTAUDEN – lieben nährstoffarme, durchlässige Böden, z. B. Karpaten-Glockenblume oder Blaukissen

PRACHTSTAUDEN – werden gelegentlich auch als Beetstauden bezeichnet, sind häufig züchterisch sehr stark veredelt, benötigen gepflegte Gartenböden und regelmäßige Betreuung, z. B. Dahlien und Rittersporn

UFERSTAUDEN – sind Prachtstauden oder Freiflächenstauden, die im Gartenbeet nicht gedeihen können, sondern nasse Böden oder Überflutung der Wurzeln brauchen, z. B. Sumpfschwertlilien und Blutweiderich

Lenzrosen, die den Schneerosen zum Verwechseln ähnlich sind, blühen in Rosa und Violett von Februar bis April. Da sie sich munter untereinander kreuzen, entstehen im Laufe der Jahre neue Blütenfarben – und die Hummeln freuen sich über die frühe Nektargabe. Die gefüllt blühende Narzissensorte ‘Acropolis’ leuchet mit ihren rein weißen Blütenblättern und ihrem orange durchschimmernden Herz im April. Sie duftet hervorragend und ergänzt sich mit der gelben Dichternarzisse ‘Falconet’, die nach Moschus duftet und von April bis Mai blüht. Lila blühender Phlox ‘Laura’ duftet intensiv von Juli

Lenzrosen, Lungenkraut, Vergissmeinnicht und Narzissen blühen gemeinsam unter einem Birnbaum.

1

2

1. Zuerst erfreuen uns die Frühjahrsblüher zusammen mit der Obstbaumblüte.

2. Dann folgen Sommerblüher wie Nachtviolen.

bis September. Er ist weitgehend mehltaufest, standfest und findet einen Platz am Rand des Obstbaumbeetes. Er hat die ideale Größe von maximal 60 cm, um die Baumkrone des Bäumchens nicht zu stören. Die abends nach Veilchen duftende Nachtviole sät sich im Beet selbstständig aus. Ihre violette, von April bis Juli anhaltende Blütenfülle wird nicht nur von Insekten für ihren Nektar geliebt, u. a. die Raupen des Aurorafalters ernähren sich von ihr. Wir kontrollieren die ausbreitungsfreudige Schmetterlingspflanze durch regelmäßiges Ausdünnen und lassen wenige Pflanzen für das Folgejahr und zur Aussaat stehen, nachdem die Schmetterlinge sich versorgt haben. In die frei gewordenen Plätze setzen wir in Töpfen vorgezogene kleine Sonnenblumen, Chrysanthemen und Heidekraut für den Herbst und den Winter nach.

Welche Sorten eignen sich?

Buschbäumen, mit einer Stammhöhe von ca. 60 cm, schwach bis mittelstark wachsend, oder Halbstämme mit Stammhöhe von ca. 120 cm, mittelstark wachsend. Hier kann unterpflanzt werden und die Bäume bleiben kompakter. Sorten gibt es reichlich. Besonders gute Erfahrungen haben wir im Paradiesgarten gemacht mit den Apfelsorten 'Prinz Albrecht von Preußen', 'Dülmener Rosenapfel', 'Jakob Fischer' und 'Rewena' sowie mit den Birnensorten 'Gute Luise', 'Clapps Liebling', 'Conference' und 'Rote Williams Christ'. Wer nur Platz für einen Apfel- oder Birnbaum hat, sollte wegen der Bestäubung zu einer Doppelveredelung greifen.

Die roten Äpfel selbst sind lange eine wahre Zierde.

Schließlich begleiten Phlox, Kornblumenaster, Gelenkblume, Sonnenblumen, Chrysanthemen, Flammendes Käthchen und Heidekraut uns durch den ganzen Herbst.

SCHMALE GRENZGÄNGER

Obstspaliere und Flechthecken aus Hainbuchen sind ideal als grüne Raumabtrenner an Sitzplatz & Co.

Nützlich schöne Raumteiler

Einen kleinen Garten kann man mit klaren Abgrenzungen aufteilen. Diese Raumteiler können ein Sichtschutz und Windfang sein und dürfen dabei auch selbst zu einem Blickfang werden.

Wenn Flächen begrenzt sind, nimmt eine wuchtige Hecke innerhalb des Gartens zu viel Raum ein. Da wir Gestaltungen mit Mehrfachnutzen lieben, steht anstatt einer geschlossenen grünen Wand im Paradiesgarten eine schlanke Obstbaumhecke, die in Rautenform gezogen wurde.

DAS SCHLANKE OBSTSPALIER

Ein schlankes Obstbaumspalier kann leicht aufgebaut werden und ist mit etwas Geduld bald begrünt (siehe Bild Seite 78 oben). Auch in bestehenden Gärten kann so z. B. ein Gartenraum geschaffen werden. Wenn dann noch ein Sitzplatz in Hauptwindrichtung liegt, bläst der Wind im Frühling den herrlichen Duft der blühenden Obstbaumhecke direkt in die Nase. Durch den platzsparenden Einsatz der Apfelbäumchen können viele verschiedene Sorten auf wenig Raum angebaut werden, sodass ab August die ersten reifen Früchte schmecken, während die späten Sorten noch am Baum reifen.

Pflanzenmaterial

Für ein Spalier gibt es normalerweise sogenanntes Spalierobst, da dieses langsam wächst und von Haus aus nicht zu groß wird. Durch eine leicht schräge Anpflanzung bilden sich Seitenäste, die für das Formen der Rauten Verwendung finden. Wer sich aber beim Spalierobstschnitt nicht sicher ist, kann auch Säulenobst pflanzen, das nahe am Stamm Früchte bildet. Hier ist der Schnitt einfacher: Alle Äste, die nicht für die Raute benötigt werden, lässt man nicht länger als eine Hand lang wachsen. Beim Kauf der Bäume darauf achten, dass die Sorten auf langsam wachsende, klein bleibende Unterlagen für Spalieranbau gepfropft sind. Und

Blühende und fruchttragende Naschwand: durchlässiger Sichtschutz, Wind- und Blickfang.

beim Einpflanzen auf keinen Fall den Baum tiefer setzen, als er im Topf stand, damit die Veredelung keinen Bodenkontakt bekommt.

Anpflanzung und Pflege

Gepflanzt wird im Abstand von mindestens 80 cm, damit die Bäumchen sich entwickeln können. Hierzu werden die Bäume schräg gepflanzt, damit sie ein Rautenmuster ergeben. Um die Führung der Äste zu erleichtern, haben wir mit Holzlatten ein Gerüst gebaut, das hinter den Bäumen mit den Lattenenden in den Boden gesteckt wird. An diesem Gitter können die Äste der Bäumchen einfach festgebunden und beim Wachstum entlanggeführt werden.
Die jungen Äste werden mit Kordeln solange befestigt, bis sie selbst stabil genug sind und in der gewünschten Position bleiben. Die Kordeln kontrollieren wir zweimal im Jahr, damit die wachsenden Bäumchen nicht eingeschnitten werden. Sämtliche neu entstehenden Seitenäste, die nicht dem Rautenmuster entsprechen, werden im Juni/Juli auf zwei bis drei Knospen gekürzt. Sobald die Bäumchen die gewünschte Endhöhe erreicht haben, werden die Spitzen regelmäßig auf diese Höhe zurückgeschnitten.

1

2

3

Da hier viele Pflanzen auf engem Raum zusammenstehen, düngen wir die Bäumchen mit biologischem Obstbaumdünger, um die Ansprüche der Pflanzen erfüllen zu können. Direkt im Wurzelbereich wird der Boden mit Rindenmulch oder Hackschnitzeln bedeckt. Gerade klein bleibende Obstbäume sollten nicht im Rasen stehen, da Gras im Wurzelbereich Hormone abgibt, die die Entwicklung von jungen Obstbäumen hemmt. Zu Rasen und Unterpflanzung sollte man auf beiden Seiten der Obstbaumhecke daher einen Mindestabstand von 40 bis 50 cm einhalten, um gutes Wachstum und gute

1. Die jungen Bäume werden schräg zueinander gepflanzt.

2. Durch ein Holzgerüst lassen sich die Bäumchen besser führen.

3. Ein lichter Platz für Tulpen, Veilchen und Schneeglöckchen

SÄULENAPFEL-SORTEN

BLUE MOON – Ernte Mitte August

FRENIC – Ernte August

SUNCATS – Ernte Ende August

RED RIVER – Ernte Ende September

STARLINE®SUMMERTIME – Ernte Ende September

GOLDCATS – Ernte ab Mitte September

ANANASRENETTE – Ernte Mitte Oktober

Erträge zu unterstützen. Ausnahmen sind Frühlingsblüher wie Schneeglöckchen, diese dürfen in den Abstandsstreifen gepflanzt werden. Tulpen können in Gitterkörben für Zwiebelblumen ebenfalls dort ihren Platz erhalten.

FLECHTHECKE AUS HAINBUCHEN

Diese außergewöhnliche Hecke mit Hainbuchen bietet Sichtschutz, Windfang und Raumteilung. Unsere Hochstammhecke ist nur 2,50 m hoch – höhere Hecken werden schwierig zu schneiden – und zusammen mit dem Beetstreifen lediglich 90 cm breit. Hecken, die 120 cm über dem Boden auf „Stelzen", also ihren Stämmen wachsen, sind bei uns in Deutschland selten anzutreffen, dabei sind sie nicht nur schön anzusehen. Als schlanke Flechthecke gezogen, sind ihre Einsatzmöglichkeiten für kleine Gärten absolut vielfältig! Die Pflegezeit gestaltet sich nicht anders wie bei normalen Hecken, sie bietet jedoch mehr Pflanzmöglichkeiten. Eine Unterpflanzung der Stämme ist gut zu gestalten und schafft zusätzliche Blütenpracht.

Pflanzung und Pflege

Hainbuchen lassen sich gut flechten und erziehen. Wie bei Rotbuchen bleiben die Blätter im Winter an den Trieben, wenn man im Hochsommer den Formschnitt vornimmt. Dann können hier auch Insekten überwintern. Junge Bäume wachsen schnell, wenn sie genug Wasser bekommen. Fruchtbare, gut umgearbeitete Böden sind ideal, Sand, Kies und Lehm werden toleriert. Die Bäume wachsen sogar im Schatten, mögen Sonne aber lieber. Am einfachsten kauft man in der Baumschule bereits höhere, gerade gewachsene Pflanzen. Die Hainbuchen können in einem Abstand von 100 cm oder enger gepflanzt werden. Ein Gerüst aus Latten oder Bambus erleichtert die Formgebung nach der Pflanzung. Die unteren Seitenäste werden weggeschnitten und die verbleibenden an den Bambusstangen waagrecht festgebunden. Der Mitteltrieb darf weiterwachsen, bis die gewünschte Endhöhe erreicht ist und wird dann gekappt. Neue Äste werden mit Bändern zueinandergeführt, um die Lücken im Sichtschutz Stück für Stück zu schließen. Wenn Ästchen sich nicht mit Bändern in die Waagrechte lenken lassen, werden diese auf Knospen zurückgeschnitten, die in die gewünschte Richtung zeigen. Da Hainbuchen zügig wachsen, dauert es nicht lange, bis dünne, längere Triebe entstehen, die aufeinander zuwachsen. Diese werden miteinander verflochten. Um die Hecke in Form zu halten, wird sie später, wie jede Hecke, zwei- bis dreimal im Jahr geschnitten. Erster Schnitttermin etwa Ende Februar / Anfang März, zweiter Schnitttermin im August.

Unterpflanzung für Frühling, Sommer und Herbst

Wichtig ist hierbei, die Bäume und ihre Unterpflanzung ausreichend mit Dünger zu versorgen und Pflanzen zu wählen, die dem erhöhten Wurzeldruck standhalten. Zwiebelblumen bieten ab der Schneeschmelze einen schönen Fuß an der Hecke. Schneeglöckchen, Schneestolz, Traubenhyazinthen, Krokusse, Maiglöckchen, Narzissen, Tulpen oder Buschwindröschen, Christrosen und Lenzrosen blühen im Frühjahr. Im Sommer erfreuen uns Feuerlilien, die in ihrer natürlichen Umgebung auf Bergwiesen, Felsen und Gebüschrändern stehen. Bei genügend Platz, Feuchtigkeit und Dünger kann im Hintergrund sogar Rhabarber gepflanzt werden. Herbstanemonen, Chrysanthemen, Heidekraut und Dahlien läuten den Herbst ein.

1

2

3

1. Ein Bambusgerüst unterstützt beim Formieren.

2. Die junge Hecke schließt sich bei guter Pflege schnell.

3. Chrysanthemen und Heidekraut wiederholen sich im schmalen Band.

SITZPLÄTZE

Die Blumenbank – florale Power am Sitzplatz

Individuelle Gartenmöbel sind sehr beliebt, und um einen Sitzplatz selbst zu gestalten, braucht man nicht unbedingt teure Materialien.

Nach getaner Gartenarbeit kommt der Genuss. An einem hübschen Sitzplatz, an dem man sich gerne aufhält und an dem man entspannen kann. Hier kann man die Blüten betrachten, Singvögeln lauschen oder lesen. Hortensie, Lilie, Sonnenhut, Chrysantheme und Nelken blühen wochenlang als bunter Strauß. Als Erde eignet sich Blumenerde ohne Torf oder ausgereifter Kompost. Die Blühpflanzen werden regelmäßig mit Flüssigdünger oder Langzeitdünger versorgt, damit sie die Kraft haben, kontinuierlich neue Blüten zu bilden. Dazu auch regelmäßig Verblühtes abschneiden, sodass sich neue Knospen bilden können.

Marke Eigenbau – so geht's

Zum Selberbau einer Sitzgelegenheit eignen sich auch Materialien, die man wiederverwendet oder die bereits im Garten vorhanden sind. In dieser wetterfesten Gartenbank ist sogar das Mini-Beet schon integriert. Design und Natur also ganz im Einklang.

Material Alles, was Sie dazu benötigen , sind 5 L-Steine mit je 40 cm Höhe und Breite, gehobelte Kanthölzer 34 × 44 mm, 10 Schrauben sowie eine Mörtelwanne, die in die vier liegenden L-Steine passt.

FLEXIBEL

Die Sitzfläche ist rechts oder links oder sogar auf beiden Seiten möglich.

Hier ist am Sitzplatz das Beet inklusive. Moderne DIY-Blumenbank mit fröhlicher Bepflanzung.

Anleitung Die L-Steine benötigen auf ebenem, festem Untergrund keinen Verbund und sind selbsttragend. In die Mörtelwanne müssen zur Entwässerung Abzugslöcher gebohrt werden. Am besten auf jeder Seite in 2 bis 3 cm Höhe, damit ein kleiner Wasserspeicher entsteht. Die Holzleisten bleiben naturbelassen oder können lackiert werden. Naturbelassen wird das Holz später grau, was auch sehr schön zum Grau des Betons passt. Die Holzsitzfläche wird aufgelegt und vom Eigengewicht getragen. Um diese zu bauen, werden die Holzleisten in fünf gleich lange Stücke gesägt (z. B. 90 cm lang) und mit zwei 40 cm langen, quer verlaufenden Holzleisten verbunden. Immer im Abstand von ca. 4 cm. Die quer verlaufenden Holzleisten werden so weit eingerückt, wie der L-Stein dick ist, also ca. 7–8 cm. Bringen Sie die quer verlaufenden Holzleisten dann so an, dass sie, wenn Sie die Holzsitzfläche auflegen, die Sitzfläche am seitlichen Wegrutschen hindern.
Wer möchte, kann die L-Steine auch bemalen, so bekommt die Blumenbank noch mal ihren ganz persönlichen Charakter. Die Blumenbank lässt sich auch leicht verändern: die Sitzbank rechts oder links aufbauen oder einfach die Wanne mit der Bepflanzung tauschen.

Insektenhotel mit Sitzplatz

Auch auf kleinen Flächen kann man viel für Nutzinsekten und die Vielfalt tun. Leben findet in der kleinsten Nische statt! Und in diesem Fall, in der kleinsten Mauerritze mit integriertem Sitzplatz.

In Deutschland gibt es etwa 17 Millionen Haus- und Kleingärten. Die daraus folgende Fläche entspricht etwa der Fläche aller deutschen Naturschutzgebiete. Leider ist es so, dass jedes Jahr etwa 5.000 t Unkrautvernichtungsmittel in privaten Gärten laut dem BUND ausgebracht werden. Pestizide lösen sich aber nicht einfach in Luft auf, sondern vergiften dauerhaft unsere Böden. Eine traurige Wahrheit. Dabei gibt es ausreichende, natürliche Alternativen. Wer glaubt, in einem kleinen Garten könne man nichts am Zustand unserer Umwelt ändern, der irrt. Der Kleingärtner hat viele Möglichkeiten.

BAUSTOFFE UND PFLANZEN

Hochbeete werden üblicherweise gebaut, um eine angenehme Arbeitshöhe zu haben und guten Pflanzboden zu erhalten. Um Platz zu schaffen, wo vorher keiner war, und mehr Nutzen zu erhalten, haben wir auf der Sonnenseite alte Baustoffe als Hochbeetumfassung gewählt, um diese gleichzeitig als Nützlingszuhause sowie als wärmende Sitzbank einsetzen zu können. Diese Insektenbank kann unabhängig vom Boden auch auf versiegelten Flächen aufgebaut werden. Durch die Materialwahl kann das Hochbeet freier in der Form gestaltet werden, z. B. halbrund. Die Ziegel und Betonplatten wärmen sich bei Sonnenschein auf und geben die Wärme an die Erde weiter. Direkt am Rand ist für mediterrane Kräuter ein perfekter Platz. Die Insektenbank ist auch als Beetrand ein praktischer Abschluss zum Rasen, denn dadurch wächst das Gras nicht in das Beet und das Mähen entlang der Kante fällt leichter. Im Hochbeet können nach Lust und Laune Kräuter, Gemüse, kleine Obstbäume oder Blumen angebaut werden. Praktisch an der Insektenbank: Durch

Am Sitzplatz Tiere beobachten: Nektarreiche Kräuter und Blumen für Schmetterlinge, Wildbienen und Hummeln.

Ein klein bleibender Apfelbusch oder Säulenapfel hat hier einen guten Platz. Marienkäfer finden sich schnell gegen Läuse ein und bestäubende Wildbienen haben kurze Wege zu den nektarreichen Staudenlupinen, die die umgebenden Pflanzen mit Stickstoff versorgen.

1

NEKTARPFLANZEN

Bärlauch, Bergbohnenkraut, Borretsch, Kapuzinerkresse, Kamille, Lavendel, Lungenkraut, Melisse, Oregano, Ringelblume, Rosmarin, Salbei, Schnittlauch, Teufelsabbiss, Thymian

die Nähe der Nützlinge haben Schädlinge schlechte Karten. Am besten sind Gemüse, Kräuter und Blumen mit Nektar, denn die Tierchen brauchen ja nicht nur ein Zuhause, sondern auch Futter.
Kräuter wie Bergbohnenkraut und Thymian schützen Gemüse und Blumen zusätzlich vor Krankheiten und bieten bei leichter Berührung herrlichen Duft, während man sich auf der Bank entspannt. Und keine Angst, Wildbienen haben zwar einen Stachel, setzen ihn jedoch nicht ein. Da sie aber auch Ungestörtheit schätzen, sollte man direkt am Sitzplatz besser nur Ziegel oder Platten einbauen, um die Tiere nicht unnötig zu stören und in Ruhe beobachten zu können.

AUFBAU DER BANK

Die Mauer wird möglichst vielfältig aus alten Baumaterialien wie Steinen, Rohren, Ziegeln und Platten ohne Mörtel in Trockenbauweise aufgeschichtet. Die Mauer sollte nicht zu hoch geschichtet werden, damit sie dem Erddruck standhalten kann und es leichter ist, kaputte Rohre u. Ä. wieder zu tauschen. Unter leicht überstehenden Platten oder Ziegeln kann auch Lehm als Mörtel und zum Ausgleich der unterschiedlichen Höhen eingebracht werden. Die Platten dienen dabei als Abdeckung und Sitzplatz, die darunterliegende Mauer wird so etwas vor Regen geschützt.
Durch eines der Rohre kann auch ein Zugang zu einer Igelhöhle geschaffen werden, die hinter der Mauer im Erdreich verborgen ist. Dabei beachten, dass Sie zum Reinigen noch in die Höhle greifen können oder diese hinter der Mauer von oben einen Zugang hat. Lochziegel sind für kleine Tiere wie Eidechsen und Blindschleichen toll. Sie können sich darin und

2

3

dazwischen verstecken und erhalten so leichten Zugang zur Erde hinter der Mauer. Blindschleichen gehören zur Familie der Schleichen und sind harmlos. Der Lehm zwischen den Ziegeln und unter den Platten ist für Sand- und Mauerbienen ein wichtiger Baustoff.
Stroh oder lockeres Gras in Hohlräumen bietet Rückzugsraum für Ohrwürmer und Florfliegen, die sich darin verkriechen können. Das Stroh sollte alle paar Jahre ausgetauscht werden. Hohle oder markhaltige Stängel von Holunder oder Bambus und anderen Gräsern bieten einen Brutplatz für Wildbienen. Wichtig dabei ist, dass die Stängel auf einer Seite geschlossen und die Ränder der Stängel möglichst glatt abgeschnitten und ohne Splitter sind, damit sich die Wildbienen beim Ein- und Ausfliegen nicht die Flügelchen verletzen. Die Wildbienen können im nächsten Jahr eine bereits benutzte Wohnung wieder säubern und neu beziehen, harte holzige Stängel müssen also nicht jedes Jahr getauscht werden.
Die obersten Platten speichern Wärme und sind für Eidechse und Mensch eine herrliche Sonnen- und Aussichtsbank.

1. Eine Insektenmauer mit Sitzfläche bietet ähnliche Vorteile wie ein Hochbeet.

2. Durch die warmen Steine fühlen sich hier auch Eidechsen zuhause.

3. Wildbienen sind nicht aggressiv und nahe an den Beeten immer willkommen.

Mobile Feuerstelle

Ein prasselndes Feuer hat seine ganz eigene Anziehungskraft. Feuer ist im Garten ein echter Dauerbrenner, den man im kleinen Garten nicht missen muss.

Gartenöfen, Mini-Grill oder Feuerschalen haben gegenüber festen Feuerplätzen einige Vorteile. Sie nehmen wenig Platz ein, sind flexibler und oft auch genehmigungsfrei.
Dieser Gartenraum ist nur 3,20 × 3,80 m groß und bietet trotzdem genügend Platz, um zu viert den Abend zu genießen. Mit wenigen Handgriffen wird aus Kisten, Säcken, Kissen und Decken eine kleine Wohlfühloase, in der man den Abend ausklingen lassen kann. Und wenn der Platz wieder für etwas anderes benötigt wird, kann alles schnell auf die Seite gestellt werden.

Umgeben vom Kräuterbeet mit Melisse und Minze duftet der Raum beim Anlehnen an die Kissen nach frischen Kräutern. Säulenäpfel finden hier als optische Abgrenzung und Rückenschutz Platz im rundlich geformten und schmalen Beet. Damit ein Sitzplatz zu einem gemütlichen Lieblingsort wird, sollte er immer auch Schutz bieten können. Eine wohlgeformte, runde Gestaltung lässt den Raum zusätzlich größer wirken.

Kleine Naschgärten in Kisten

Eine Obstkiste mit lebensmittelechter Folie ausgeschlagen, wird zum mobilen Mini-Gar-

Ganz ohne komplizierte Halterung werden selbst genähte Taschen und eine Grabegabel zu einem Hänge-Erdbeergarten.

Aus einer alten Vliesdecke wird ein selbst genähter Kartoffelsack, in dem die Kartoffeln für das Kartoffelfeuer heranreifen. Ob in Säcken oder in Kisten, mobile Mini-Gärten haben fast überall Platz.

ten. Das Praktische an Obstkisten ist ihre Stapelfähigkeit und Stabilität. Sie eignen sich nicht nur für den Holztransport zum Lagerfeuer, ein Kistengarten wird dadurch auch transportfähig. Ein Tablett aus einer halbierten Kiste kann sogar als Tisch für die Snacks dienen.
Im Kistengarten fühlt sich Pflücksalat zum stetigen Ernten wohl und Schnittlauch für die Würze passt fast überall dazu. Naschzipfelchenpaprika sieht nicht nur hübsch aus, er ist auch unkompliziert im Anbau. Ananassalbei duftet bei jeder Berührung lecker nach Ananas, die Blätter passen wunderbar zu Süßspeisen und zum Garnieren von Obstsalat. Kartoffeln fühlen sich auch im selbst genähten Pflanzsack sehr wohl. Die vorgezogenen Knollen dazu einfach Ende April in den halb mit Erde gefüllten Sack setzen und an einen sonnigen Ort stellen. Wenn sich Kartoffelgrün zeigt, werden die aus der Erde herausschauenden Knollen gut mit Erde bedeckt, man nennt dies anhäufeln. Bei Trockenheit immer gut gießen und das Anhäufeln wiederholen, sodass die Knollen keine grünen Stellen bekommen – die grünen Stellen sind giftig. Wenn das Kartoffelgrün im August beginnt zu welken, dürfen die leckeren Knollen geerntet werden. Gut mit der Gemüsebürste schrubben und dann ab damit auf den Grill!

PFLEGELEICHTE NASCHBEETE

Obst & Gemüse mit Blumen kombinieren

Die wahre Kunst besteht darin, verfügbaren Raum zu nutzen, ohne dass sich Pflanzen überwuchern. Dazu braucht man die richtigen Kombinationen, die miteinander harmonieren. Hier ein paar leicht umzusetzende Blumen-Naschbeete.

Die Natur versucht immer, offenen Boden zu schließen, denn offener Boden laugt aus und trocknet aus. Sobald es eine offene Stelle im Beet gibt, wird die Lücke von der Natur genutzt und von einer Pflanze erobert – ob man sie dort haben will oder nicht. Doch eigentlich gibt es kein Unkraut, denn Unkräuter sind Beikräuter, die man an dieser Stelle nicht haben möchte oder nicht kennt. Also warum diese Lücken im Beet nicht selber schließen und für sich nutzen?

ERDBEEREN MIT STAUDEN

Erdbeeren besitzen ein hübsches Blattwerk und nette, weiße oder auch rötliche Blüten. Sie gehören zu den wenigen Pflanzen, die gleichzeitig Knospen, Blüten und Früchte ausbilden und manchmal auch im Winter Blüten zeigen, wenn dieser mild ist. Perfekt, um sie mit Stauden zu kombinieren und sich ein extra Erdbeerbeet zu sparen. Praktisch auch der Effekt, dass das Laub den Boden im Frühling, wenn die Stauden gerade austreiben, beschattet und die Verdunstung damit verringert wird. Hier spart man sich das Gießen an heißen Frühlingstagen. Zudem hat Unkraut wenig Chancen, wenn der Platz von Anfang an mit Erdbeeren besetzt

ERDBEEREN

Naschen statt Unkraut zupfen im Staudenbeet. Erdbeeren mit Gladiolen, Bachnelken und Bartnelken.

URSPRUNG DER ERDBEERE

Ursprünglich sind die kleinen Walderdbeeren bei uns beheimatet und wurden im Mittelalter großflächig kultiviert. Die heutigen großen Beeren verdanken wir Kreuzungen mit der amerikanischen Scharlach-Erdbeere und der Chile-Erdbeere. Die daraus entstandenen Erdbeersorten sind mehrjährige Pflanzen, die volle Sonne zum guten Gedeihen und für vollen Ertrag brauchen. Sie lieben lockeren, tiefgründigen, humusreichen Boden. Je mehr Walderdbeere in der Zucht noch vorhanden ist, desto schattentoleranter ist die Sorte. Normaler Gartenkompost ist nichts für die ursprünglichen Waldrandpflanzen. Laubhumus oder Rindenkompost ist das richtige Material, da die Pflanzen salzempfindlich sind. Darum scheiden auch alle mineralischen Dünger aus. Perfekt sind organische Beerendünger.

ist. Im Spätfrühling, wenn die Blühstauden noch niedrig sind, gibt es während der Unkrautkontrolle die ersten Erdbeerfrüchte zum Naschen als Belohnung. Sind die Stauden dann im Sommer hoch gewachsen, suchen sich die jungen Pflänzchen an den Auslegern der Mutterpflanze ein neues Plätzchen und die Erdbeerpflanzen schließen mit der Zeit den offenen Boden und wandern im Beet. Rindenhumus alle 1 bis 2 Jahre dünn im Staudenbeet ausgebracht, schafft gute Bedingungen für humosen Boden.

Pflanz-Tipps

Wird bei der Neuanlage eines Staudenbeetes Rindenkompost zwischen den neu gepflanzten Stauden auf den Boden verteilt, ist dieser für die Erdbeeren und die Stauden wunderbar zum Einwachsen geeignet.

Sonnenhut, Purpurglöckchen, Phlox, Frauenmantel, Lavendel, Fette Henne und Lilien mit Erdbeeren

Kartoffelpflanzen können auch in etwas engerer Bepflanzung gedeihen. Mit etwa 30 cm Durchmesser pro Pflanze kann gerechnet werden. Hier zusammen mit Fetthennen im Beet.

HERKUNFT DER KARTOFFEL

Kartoffeln stammen ursprünglich aus Südamerika. Ebenso wie Tomaten, Gartenbohnen, Paprika und Mais. Aus der Küche sind die beliebten Knollen heute nicht mehr wegzudenken. Im 17. Jahrhundert noch wurden die Kartoffeln als kostbare Rarität in den Gärten vornehmer und reicher Dienstherren gezüchtet und wegen ihrer Blüten als Zierpflanzen angebaut. Vergiftungserscheinungen lösten damals die aus Unwissenheit verkosteten, oberirdischen, grünen Früchte und die durch Sonneneinstrahlung grün gewordenen Kartoffelknollen aus. Darum hatten die Kartoffeln den Ruf einer Giftpflanze. Bevor sie auch in Europa zu einer Hauptnahrungsquelle und auf den Feldern angebaut wurden, dauerte es einige Generationen.

Die Erdbeeren dürfen den ganzen Boden bedecken. Pflanzzeit für Erdbeeren ist der August für den Vollertrag im Folgejahr. Wer im Frühling pflanzt, kann trotzdem ernten, erhält aber weniger Früchte. Gedüngt wird bei einmal tragenden Beeren nicht im Frühling, sondern im Hochsommer. Immertragende Erdbeeren werden 2 bis 3 mal im Jahr mit Langzeitdünger versorgt.

Erdbeersorten für Staudenbeete

- Walderdbeersorten mit größeren Früchten wie ihre wilden Eltern für schattige bzw. absonnige Stellen: 'Adriana', 'Rosa Perle', 'Waldkönigin'
- Großfruchtige Kreuzung zwischen Walderdbeere und Gartenerdbeere für Halbschatten: 'Florika'
- Am Rand des Staudenbeetes in der Sonne finden dann auch Gartenerdbeersorten Platz: 'Korona', 'Sonata', 'Elvira'

DAS BLUMIGE KARTOFFELBEET

Die unkomplizierte Knolle bringt für wenig Aufwand viel Ertrag. Pro Pflanzkartoffel kann je nach Boden mit 15 bis 25 Knollen gerechnet werden. Es gibt für den Eigenanbau viele verschiede Sorten, die andere Farben und Geschmack auf den Teller bringen als die Standardsorten aus dem Supermarkt.

Man muss dafür nicht extra ein Kartoffelbeet anlegen. Wer mit den Kartoffeln nicht in Massenproduktion gehen will, hat viele Möglichkeiten, neue Sorten auszuprobieren. Bei wenig Platz kann die hübsche Blüte der Kartoffel wie im 17. Jahrhundert als Ergänzung im Blumen- oder Staudenbeet punkten und die Pflanzen schaffen mit ihrem Wurzelwerk eine wunderbare Bodengare. Im Folgejahr kommen Ringelblumen in die entstandene Lücke und schon gesundet der Boden und ist frisch für neue Stauden und Blumen.

Für die Kartoffeln selbst ist es erholsam, zwischen den Stauden zu stehen, da diese normalerweise nicht aus der Pflanzenfamilie der Nachtschattengewächse stammen. So wird Krankheiten und Bodenmüdigkeit vorgebeugt und der Kartoffelkäfer tut sich auch schwer, die Pflanzen zu entdecken.

Das Anpflanzen

Gepflanzt wird mit vorgetriebenen Knollen von März bis April. Der junge Austrieb kann bei drohenden Spätfrösten leicht mit einem Eimer geschützt werden. Jede Pflanzknolle benötigt einen Abstand von 30 bis 40 cm in der Reihe und 50 bis 60 cm zwischen den Reihen, um ausreichend Raum und Licht zum Wachsen zu haben. Das gilt auch im Blumenbeet. Gedüngt werden die Knollen mit den Stauden. Wer Kompost zur Verfügung hat, kann die Kartoffeln damit anhäufeln.

Kartoffelsorten

Empfehlenswert sind Frühkartoffeln, die bereits Ende Juni / Anfang Juli geerntet werden. Dann kann man früh Kartoffeln genießen und gleich noch Ringelblumen oder zweijährige Blumen, die im Folgejahr blühen, aussäen. Eine interessante Farbe in das Blumenbeet bringen die blauvioletten Blüten der mittelfrühen Sorte 'Blauer Schwede', deren Knollen blaue Schalen und blaues Fruchtfleisch haben. Ernten kann man sie schon ab August. Weitere empfehlenswerte Sorten sind:

- frühe, gelbe: 'Glorietta', 'Sieglinde', 'Annabelle'
- frühe, rote: 'Rote Emmalie', 'Rode Erstling', 'Pink Gipsy' (gelb / rot)
- frühe mit blauer Blüte, blauer Schale und blauem Fruchtfleisch: 'Blauer Schwede', 'Blaue St. Galler'

Geeignete Stauden und Blumen

Aus unserer Erfahrung verstehen sich Fetthenne, Fingerhut, Lupinen, Kapuzinerkresse, Löwenmäulchen, Mädchenauge, Malven, Montbretien, Mutterkraut, Phlox, Ringelblumen, Schafgarbe, Sonnenhut und Tagetes gut mit Kartoffeln.

Kartoffeln kombiniert mit Tagetes, Fetthenne und Lupinen in einem Beet.

Rhabarber in Kübeln und Beeten

In opulenten Gestaltungen bringt Rhabarber grüne Ruhe. Mit den großen Blättern und Blüten bietet er etwas fürs Auge und leckere Stängel für den Nachtisch. Dabei bleibt er dennoch pflegeleicht.

Rhabarber stammt ursprünglich aus dem Himalaya, seine unterirdischen Sprosse wurden als Medizin verwendet. Ob er nun zum Obst oder zu den Gemüsen zählt, ist für seine Fans nicht entscheidend.

Die Rhabarberpflanze benötigt nicht viel Aufmerksamkeit. Einmal gepflanzt und regelmäßig mit Dünger versorgt, wird nur noch geerntet – und das bis zu 20 Jahre am gleichen Standort. Gepflanzt wird ab März. Rhabarber liebt eine Mulchdecke aus Kompost, Tannennadeln und Grasschnitt. Da er ein Starkzehrer ist, freut er sich über eine Versorgung mit Pflanzenjauche oder Kompost. Geerntet wird nach der Pflanzung erst ab dem 2. Standjahr, so hat die Pflanze ausreichend Zeit, einzuwachsen sowie Blatt- und Wurzelmasse zu bilden.

Die Erntesaison beginnt im Mai. Die beste Qualität haben Stängel, deren Blätter sich gerade entfaltet haben. Bei der Ernte wird der Stiel nicht abgeschnitten, sondern ausgedreht, um Fäulnis am Stängelgrund zu vermeiden. Ernten Sie maximal die Hälfte der Pflanze, damit diese nicht zu sehr geschwächt wird. Ende der Erntezeit ist um Johanni, dem 24. Juni. Nach der Erntezeit wird noch mal ordentlich gedüngt, bevor sich die Pflanze über den Winter eine Zeitlang einzieht.

IM TOPF FÜR WEGE, BEETE, BALKON UND TERRASSE

Rhabarber lässt sich hervorragend in großen Töpfen und Taschen anbauen. In Töpfen angepflanzt, müssen 2 bis 3 cm über dem Boden Ausläufe gebohrt werden, damit die Pflanzen einen kleinen Wasserspeicher haben. Kompost oder Gemüseerde ohne Torf ist das richtige Füllmaterial. In Töpfen gezogener Rhabarber wird

Rhabarber im Topf hat nicht nur einen optischen Vorteil: Rhabarber zieht nicht gerne um, aber im Topf lässt er sich leicht umstellen und im Herbst, wenn er sich zurückzieht, kann er wieder aus dem Blickfeld.

regemäßig gegossen. Stellen Sie Ihren Pflanzen von Beginn an größere Behältnisse zur Verfügung, damit ihnen immer ausreichend Feuchtigkeit zur Verfügung steht. Um den Starkzehrern im Topf gerecht zu werden, sollten Sie die Pflanzen von März bis Juli mit einem Flüssigdünger versorgen (hier die Anweisungen auf der Packung für Starkzehrer beachten). Auch im Topf tut den Pflanzen eine 2 bis 3 cm dicke Schicht aus Grasschnitt und Laub gut. Geeignete Sorten für Topfkulturen sind 'Goliath', 'Frambozen Rood' und 'Holsteiner Blut'. Mittlerweile gibt es auch Sorten, die von April über Oktober beerntbar sind (siehe unten). Wer diese nicht hat, kann die sich einziehenden Sorten in ihren Henkeltaschen einfach an einen halbschattigen Platz stellen, wo sie aus der Optik verschwunden sind und sich für die nächste Saison erholen können.

HERBSTRHARBARBER MIT LANGER ERNTEZEIT

Die starkwüchsige Herbstsorte 'Livingstone' kann von April bis spät in den Oktober beerntet

RHABARBERVERMEHRUNG

Rhabarber lässt sich leicht vermehren. Im Herbst, wenn die Blätter vergilben, können die Rhizome mit einem Spaten geteilt werden. Jedes Teilstück kann mit zwei bis drei Blattansätzen an einem neuen Standort flach eingepflanzt werden, die Knospenansätze müssen noch zu sehen sein. Diese werden mit Kompost 2 bis 3 cm hoch abgedeckt.

Die weißen Rhabarberblüten können bis zu 1,5 m hoch werden und sind essbar.

werden. Für ein gesundes Wachstum und reiche Ernten empfiehlt sich auch hier regelmäßiges Düngen und möglichst nicht mehr als ein Drittel aller Stiele im Mindestabstand von 3 Wochen zu ernten. Im Gegensatz zu den meisten bisher erhältlichen Rhabarbersorten stoppt Herbstrhabarber um Johanni nicht das Wachstum und zieht sich ein, sondern wächst bis in den Spätherbst weiter. So bietet Herbstrhabarber auch im Blumenbeet oder in Rabatten abwechslungsreiche Strukturen. Ein grüner Ruhepunkt im sonst bunten Beet tut der gesamten Gestaltung gut.

ESSBARE BLÜTEN

Rhabarber bietet nicht nur essbare Stiele, er bildet schöne weiße, an hohen Stielen sitzende Blüten. Der Rhabarber bringt seine ganze Kraft auf, diese Blüte zu bilden. Um die Pflanzen nicht zu schwächen, werden die Blüten üblicherweise im Knospenstadium ausgebrochen – denn es geht ja um die Stiele und nicht die Blüten. Die ausgebrochenen Knospen müssen aber nicht auf dem Kompost landen, denn sie sind essbar und schmecken frittiert, paniert und gebraten sehr lecker. Wir lassen an ein oder zwei Rhabarberpflanzen die Knospen stehen und erfreuen uns an der riesigen Blüte, die auch viele Insekten attraktiv finden.

Tomatenbeet mit Wärmewirkung

Tomaten stehen bei Gärtnern ganz oben auf der Wunschliste. Aber oft findet man nicht die richtigen Bedingungen vor und der Platz für ein Gewächshaus ist nicht unbedingt gegeben.

Tomaten lieben Wärme, einen gut durchlüfteten Raum und mäßige Luftfeuchtigkeit, sind aber empfindlich gegenüber Regen! Um sie vor Regen zu schützen und ihnen die Wärme zu bieten, sind Frühbeetfenster praktisch. Wenn möglich, stehen die geschlossenen Seiten gegen die Hauptwindrichtung im Garten, um zugige Winde abzuhalten. Die Tomatenpflanzen erhalten mehr Wärme durch das Glas, es entsteht aber keine stauende Hitze durch die offenen Seiten. Sollten noch kalte Nächte drohen, lässt sich leicht ein Vlies über die Dreiecke spannen.

DER BAU

Die Fensterrahmen werden gegeneinandergestellt, an den Griffen oben verbunden und im Boden leicht eingegraben, damit sie nicht verrutschen. So sind sie schnell aufgestellt und bieten ein luftiges, warmes und vor allem regensicheres Dach. Wer keine Frühbeetfenster hat, kann auch mit großen Fenstern aus einem Umbau ein solches Tomatendreieck leicht gestalten.

DIE PFLANZUNG

Tomatenstäbe werden in der Mitte der Dreiecke in den Boden gesteckt und oben zwischen den beiden

TOMATEN

Beim Gießen von Tomaten immer darauf achten, dass die Blätter nicht nass werden.

1

LECKERE UND ROBUSTE TOMATENSORTEN

COCKTAILTOMATEN – 'Cerise rot', 'Cerise gelb', 'Celsior'

BUSCHTOMATEN – 'Rotkäppchen', 'Hoffmanns Rentita', 'Fuzzy Wuzzy'

SALATTOMATEN – 'Matina', 'Tigerella' mit gelben Streifen, 'Olirose', 'Reisetomate' mit einzeln abtrennbaren Fruchtpaketchen

Rahmen in der Lücke festgeklemmt. Die Tomatenpflänzchen kommen ab Mitte Mai in ihre Dreiecke. In das Pflanzloch können zusätzlich ein paar Handvoll Brennnesselblätter gelegt werden, die das Wachstum durch ihren Stickstoff und Mineralstoffgehalt unterstützen. Wer Beinwell im Garten hat, kann diesen ebenfalls mit in das Pflanzloch legen. Dabei ein bisschen Erde als Abstand zu den jungen Wurzeln der Tomaten und den Beinwellblättern geben und schon geht es los mit dem Turbowachstum. Die Tomatenpflänzchen selbst werden bis zum ersten Blattansatz tief eingesetzt, damit sie noch mehr Wurzeln am Stängel bilden und sich dadurch noch besser versorgen können.
In jedem Dreieck finden zwei große Tomatenpflanzen Platz. Links und rechts neben ihnen können noch klein bleibende Buschtomaten im Wechsel mit Buschbohnen eingesetzt werden. Da Buschbohnen Leguminosen sind, erzeugen diese Stickstoff und unterstützen die Tomaten dabei, ihren Hunger nach Nährstoffen zu stillen. Zusätzlich wird noch mit Kompost gedüngt. Flüssigdünger unterstützt das Wachstum ebenso. Bei gekauftem Dünger ist der Gehalt von Stickstoff und Kali auf der Packung angegeben; hier am besten zu einem kalibetonten Biodünger greifen. Zu viel Stickstoff sorgt nämlich nur für gutes Blattwachstum, aber nicht für Blüten, die für die Fruchtbildung nötig sind. Basilikum findet ab Ende Mai/Anfang Juni ebenfalls noch Raum unter dem Wärmedach und bietet einen gewissen Schutz vor Pilzerkrankungen. Wir empfehlen hier die robustere

2

Sorte 'Magic Blue'. Pflanzknoblauch neben die Wurzeln der frisch gepflanzten Tomaten gesteckt, sorgt ebenfalls dafür, dass die Pflanzen gesünder wachsen können.

PFLEGE

Im beidseitig offenen Tomatendach ist die Pflege der Tomaten einfach. Das regelmäßige Ausgeizen der an den Tomatenblattachsen entstehenden Seitentriebe (außer bei Buschtomaten) lässt sich hier leicht durchführen.

1. Sobald die Fenster auf dem Frühbeetkasten nicht mehr benötigt werden, ziehen sie als offene Dreiecke auf das Tomatenbeet um. So braucht man keine Staufläche für den Frühbeetkasten.

2. Tomaten mögen Regen nur bedingt. Frühbeetfenster sind daher praktische und kleine Tomatenhäuser. Bis zu zwei große Tomatenpflanzen finden unter einem Dreieck Platz.

Service

NÜTZLICHES & NÜTZLINGE

NABU Naturschutzbund Deutschland e. V.
Charitéstr. 3
10108 Berlin
Tel.: (0 30) 28 49 84-0
E-Mail: *nabu@nabu.de*
www.nabu.de

Katz Biotech AG
An der Birkenpfuhlheide 10
15837 Baruth
Tel.: (03 37 04) 6 75-10
E-Mail: *info@katzbiotech.de*
www.katzbiotechservices.de

PFLANZEN

Lubera Deutschland und Österreich
Im Vieh 8
26160 Bad Zwischenahn / OT Ekern
Tel.: (0 44 03) 9 84 75 90
E-Mail: *info@lubera.com*
www.lubera.com
→ Obst, Gemüse, Kräuter

Bioland Baumschule & Obstgarten
Dr. Ute Hoffmann
Uepser Heide 1
27330 Asendorf
Tel.: (0 42 53) 80 06 22
E-Mail: *ute.hoffmann@hoffmann-obstbaumschule.de*
www.hoffmann-obstbaumschule.de
→ Baumobst, Beeren, Stauden, Kräuter

Rühlemann's Kräuter & Duftpflanzen
Auf dem Berg 2
27367 Horstedt
Tel.: (0 42 88) 92 85 58
E-Mail: *info@ruehlemanns.de*
www.ruehlemanns.de
→ Kräuter

Bioland-Rosenschule Ruf
Zum Sauerbrunnen 35
61231 Bad Nauheim
Tel.: (0 60 32) 8 18 93
E-Mail: *info@rosenschule-ruf.de*
www.rosenschule-ruf.de
→ Rosen

Staudengärtnerei Gaissmayer
Jungviehweide 3
89257 Illertissen
Tel.: (0 73 03) 72 58
E-Mail: *info@gaissmayer.de*
www.pflanzenverand-gaissmayer.de
→ Schwerpunkt Stauden

GARTENTEICHE, SEEROSEN UND WASSERPFLANZEN

Sumpf- und Wasserpflanzen
Jürgen Peter
Inh. Robert Peter
Hermann-Löns-Weg 121
42697 Solingen
Tel.: (02 12) 7 85 29
www.wasserpflanzen-peter.de

naturagart Deutschland GmbH & Co. KG
Riesenbecker Str. 63–65
49479 Ibbenbühren-Dörenthe
Tel.: (0 54 51) 59 34-0
E-Mail: *info@naturagart.de*
www.naturagart.de

Seerosen-Epple GmbH
Im Schemming 1/1
71726 Benningen
Tel.: (0 71 44) 69 51
E-Mail: *info@seerosen-epple.de*
www.seerosen-epple.de

Seerosen-Farm
Erhard W. Oldehoff
Sieglmühle 2
94051 Hauzenberg
Tel.: (0 85 86) 16 93
E-Mail: *sieglmuehle@t-online.de*
www.seerosen-farm.de

BÄUME UND STRÄUCHER

Pflanzenhandel Lorenz von Ehren GmbH & Co. KG
Maldfeldstr. 4
21077 Hamburg
Tel.: (0 40) 7 61 08-0
E-Mail: *LvE@LvE.de*
www.LvE.de

Baumschule H. Hachmann
Brunnenstr. 68
25355 Barmstedt
Tel.: (0 41 23) 20-55
E-Mail: *info@hachmann.de*
www.hachmann.de

Pflanzmich.de Baumschulen
Burstah 13
25474 Ellerbek
Tel.: (0 41 01) 37 80-0
E-Mail: *service@pflanzmich.de*
www.pflanzmich.de

Kordes Jungpflanzen Handels GmbH
Mühlenweg 8
25485 Bilsen
Tel.: (0 41 06) 40 11
E-Mail: *info@koju.de*
www.koju.de

Baumschule Horstmann
Bergstr. 5
25582 Hohenaspe
Tel.: (0 48 92) 89 93-400
E-Mail: *info@baumschule-horstmann.de*
www.baumschule-horstmann.de

Ahornblatt GmbH
Postfach 11 25
55001 Mainz
Tel.: (0 61 31) 7 23 54
E-Mail: *Nachricht@Ahornblatt-Garten.de*
www.ahornblatt-garten.de

Saatgut
Keimzeit Saatgut-Fachversand
Hainholzweg 3
21358 Mechtersen
Tel.: (0 41 78) 8 18 99 50
E-Mail: *kontakt@keimzeit-saatgut.de*
www.keimzeit-saatgut.de

Gärtnerei Blu-Blumen GbR
www. shop.blu-blumen.de/pflanzensortiment
E-Mail: *info@blu-schmeckt.de*

Bingenheimer Saatgut AG
Kronstr. 24–26
61209 Echzell-Bingenheim
Tel.: (0 60 35) 18 99-0
E-Mail: *info@bingenheimer-saatgut.de*
www.*bingenheimersaatgut.de*
→ Spezialist für Biosaatgut

GARTENGERÄTE

Manufactum GmbH & Co. KG
Hiberniastraße 5
45731 Waltrop
Tel.: (0 23 09) 93 90 60
E-Mail: *info@manufactum.de*
www.manufactum.de

Dictum
Shop München
Haager Str. 9, 2. Stock
81671 München
E-Mail: *info@dictum.com*
www.dictum.com

Register

BILDNACHWEIS

122 Farbfotos wurden von Rebekka Maag, Lechbruck für dieses Buch aufgenommen.

Weitere von: Flora Press/Derek Harris 66, /gartenfoto.at 36 u, /Hubert & Klein 67 o, /Nova Photo Graphik 19; GAP Photos/Anna Omiotek-Tott 43 beide, /Gary Smith 36 o;

Mit 7 Illustrationen von Rebekka Maag, Lechbruck.

IMPRESSUM

Umschlaggestaltung von Gramisci Editorialdesign/Cornelia Sekulin, München unter Verwendung eines Farbfotos von GAP Photos/Anna Omiotek-Tott (Umschlagvorderseite) und eines Farbfotos von Rebekka Maag, Lechbruck (Umschlagrückseite).

Mit 131 Farbfotos und 7 Farbzeichnungen.

Alle Angaben in diesem Buch sind sorgfältig geprüft und geben den neuesten Wissensstand bei der Veröffentlichung wieder. Da sich das Wissen aber laufend in rascher Folge weiterentwickelt und vergrößert, muss jeder Anwender prüfen, ob die Angaben nicht durch neuere Erkenntnisse überholt sind. Dazu muss er zum Beispiel Beipackzettel zu Dünge-, Pflanzenschutz- bzw. Pflanzenpflegemitteln lesen und genau befolgen sowie Gebrauchsanweisungen und Gesetze beachten. Die Blütenfarben sind sortenabhängig, daher können auch Farben auf dem Markt sein, die im Buch nicht genannt werden. Die Blütezeiten sind ebenfalls sortenabhängig, aber auch klima- und standortabhängig. Die angegebenen Wuchshöhen und -breiten der Pflanzen sind Mittelwerte. Sie können je nach Nährstoffgehalt des Bodens variieren. Verschiedene Sorten können deutlich größer oder auch kleiner wachsen als die Art.

MIX
Papier aus verantwortungsvollen Quellen
FSC® C110508

Gedruckt auf chlorfrei gebleichtem Papier

ISBN 978-3-440-16321-4
Projektleitung: Birgit Grimm
Redaktion: Birgit Grimm
Gestaltungskonzept: Gramisci Editorialdesign/Cornelia Sekulin, München
Gestaltung und Satz: Katrin Kleinschrot, Stuttgart
Produktion: Klaus Jost
Druck und Bindung: Westermann Druck Zwickau GmbH, Zwickau
Printed in Germany/Imprimé en Allemagne

Die Autoren

Ein Kreativhaushalt. Garten, Literatur & Lifestyle.

SIBYLLE MAAG

Ist Designerin und Unternehmerin. „Die Zukunft, in der du leben willst" ist die Vision, die sie und alle ihre Unternehmungen samt Familie antreibt. Aus ihrer Gartenleidenschaft geboren, gründete sie 2004 das Kreativgelände Paradiesgarten Maag, in dem Erfindungen wie der KUBI – ein ganzer Garten auf $1\ m^2$ – entstanden.

MICHAEL MAAG

Ist Designer und Ingenieur. Menschen und Natur liegen ihm sehr am Herzen. Er führt die Seminare im Paradiesgarten und hält seit über 14 Jahren Vorträge zu Umweltthemen. In seinen Konzeptionierungen findet er immer neue Wege, umweltgerecht zu handeln. Die Designs, die er zusammen mit Sibylle Maag kreiert, begeistern unter dem Motto „schön & nützlich" Menschen aus der ganzen Welt.

REBEKKA MAAG

Ist junge Autorin und Künstlerin. Das geschriebene Wort hat sie schon immer fasziniert und mit Stift und Pinsel kreiert sie neue Welten. Die Motive für dieses Buch wurden von ihr fotografiert und gezeichnet. Aufgewachsen im Paradiesgarten hat sie bereits mit 25 Jahren ein breites Wissen über das Gärtnern.